ÉVANGÉLINE OU L'AMOUR EN EXIL
de Michel Conte
est le huit cent quarante-troisième ouvrage
publié chez
VLB ÉDITEUR
et le dix-huitième de la collection
« Chansons et monologues »
dirigée par Laurent Lavigne.

Malgré de nombreuses tentatives, nous ne sommes pas parvenus à joindre tous les ayants droit des documents reproduits. Toute personne possédant des renseignements supplémentaires à ce sujet est priée de communiquer avec le groupe Ville-Marie Littérature à l'adresse électronique : vml@sogides.com.

Nous remercions le magazine *Échos Vedettes* de nous avoir autorisés à reproduire gracieusement certaines photos de Michel Conte paraissant en couverture et dans le cahier photos.

VLB éditeur bénéficie du soutien de la Société de développement des entreprises culturelles du Québec (SODEC) pour son programme d'édition.

Gouvernement du Québec – Programme de crédit d'impôt pour l'édition de livres – Gestion SODEC.

Nous reconnaissons l'aide financière du gouvernement du Canada par l'entremise du Programme d'aide au développement de l'industrie de l'édition (PADIÉ) pour nos activités d'édition.

Nous remercions le Conseil des Arts du Canada de l'aide accordée à notre programme de publication.

ÉVANGÉLINE
OU L'AMOUR EN EXIL

Du même auteur

Le prix des possessions, roman, Boucherville, Éditions de Mortagne, 1977.
Nu... comme dans nuages, biographie, Boucherville, Éditions de Mortagne, 1980.
Les bergers, sous le nom de Melki Makhandar, roman, Lausanne, Suisse, Éditions Yva Peyret, 1984.

MICHEL CONTE

Évangéline
ou
l'amour en exil

Chansons et récits

vlb éditeur

VLB ÉDITEUR
Une division du groupe Ville-Marie Littérature
1010, rue de La Gauchetière Est
Montréal (Québec) H2L 2N5
Tél.: (514) 523-1182
Téléc.: (514) 282-7530
Courriel: vml@sogides.com

Maquette de la couverture: Anne-Maude Théberge
En couverture: photos de Michel Conte

Catalogage avant publication de Bibliothèque et Archives nationales du Québec
et Bibliothèque et Archives Canada

Conte, Michel
   Évangéline, ou, L'amour en exil: chansons et récits
   (Chansons et monologues)
   Comprend un index.
   ISBN 978-2-89005-992-4
   1. Musique populaire - Québec (Province) - Textes. 2. Chansons françaises - Québec
(Province) - Textes. 3. Conte, Michel. I. Titre. II. Titre: Amour en exil. III. Collection.
ML54.6.C762 2007   782.42164'0268   C2007-940838-9

DISTRIBUTEURS EXCLUSIFS:

- Pour le Québec, le Canada
  et les États-Unis:
  LES MESSAGERIES ADP*
  955, rue Amherst
  Montréal (Québec) H2L 3K4
  Tél.: (514) 523-1182
  Téléc.: (450) 674-6237
  * Une division du Groupe Sogides inc.; filiale du
    Groupe Livre Quebecor Media inc.

- Pour la Belgique et la France:
  Librairie du Québec / DNM
  30, rue Gay-Lussac
  75005 Paris
  Tél.: 01 43 54 49 02
  Téléc.: 01 43 54 39 15
  Courriel: direction@librairieduquebec.fr
  Site Internet: www.librairieduquebec.fr

- Pour la Suisse:
  TRANSAT SA
  C.P. 3625
  1211 Genève 3
  Tél.: 022 342 77 40
  Téléc.: 022 343 46 46
  Courriel: transat-diff@slatkine.com

Pour en savoir davantage sur nos publications,
visitez notre site: **www.edvlb.com**
Autres sites à visiter: www.edhomme.com • www.edtypo.com
• www.edjour.com • www.edhexagone.com • www.edutilis.com

© VLB ÉDITEUR et Michel Conte, 2007
Dépôt légal: 3e trimestre 2007
Bibliothèque et Archives nationales du Québec, 2007
Bibliothèque et Archives Canada
Tous droits réservés pour tous pays
ISBN 978-2-89005-992-4

À Évangéline, la plus grande des Acadiennes, celle qui a su parler d'amour à tout un peuple par ses qualités profondes : fidélité, dignité, dévouement, liberté, humilité, confiance et grandeur d'âme

Préface

Et qui de toi se souviennent

Ce n'est pas facile de présenter Michel Conte, cet être aux multiples visages, ne finissant jamais de nous surprendre, comme s'il renaissait à lui-même et aux autres à chaque âge de sa vie, pour n'en redevenir que plus enfant d'une fois à l'autre, pour notre plus grand bonheur.

Homme aux talents variés, artiste passionné, chercheur d'espérance, grand buveur de sidéral et de vies d'avant et d'après, Michel Conte est un homme en quête. Un quêteux d'amour, un mendiant d'espoir, un itinérant planétaire, un bohémien sidéral, à cheval sur les étoiles, galopant vers la Voie lactée de toutes ses dérives passées, présentes et futures.

C'est pour toutes ces raisons, et pour bien d'autres, qu'il n'est pas facile de dessiner les grands traits d'un être aussi singulier que multiple. Voilà la source et le mystère, le chemin laborieux menant à la mer des tranquillités, à des années-lumière d'une vie qu'il faut bien meubler en attendant pour la rendre la plus confortable possible, la plus habitable, la plus habitée.

Voilà pourquoi Michel Conte s'est fait, depuis son arrivée au Québec au milieu des années cinquante, chorégraphe, auteur-compositeur, professeur et visionnaire.

Ne vous inquiétez pas, je n'aurai pas la prétention, dans cette préface qui est plutôt une lettre d'amitié, d'essayer de situer l'œuvre de Michel Conte dans le contexte québécois de la Révolution tranquille à aujourd'hui. Sa vie est d'ailleurs beaucoup trop mouvementée pour cela.

De plus, on ne peut associer la carrière de Michel Conte à aucune école, aucune façon d'être ou de faire, puisque Conte n'appartient tout simplement pas au temps, à l'époque, qu'il possède son propre rythme des plus instinctifs, qu'il ne répond à aucun code, ne se soumet à aucune loi et part toujours ailleurs, juste au moment où le succès allait le peinturer dans le coin pour un temps.

Comme s'il avait toujours refusé cet amour que les gens lui portent, comme s'il arrivait toujours trop tard, alors qu'il en a tellement besoin. La fuite en avant, plutôt que le repli. La quête de cet amour absolu que l'on ne croise qu'au seuil de la mort, de ses morts, comme dans son chef-d'œuvre universel qu'est la chanson Évangéline. Pas étonnant qu'il ait pu décrire l'errance et l'amour, l'exil et la mouvance du cœur et de l'être avec autant de minutie, puisque son temps à lui passait par là, tout simplement.

Le temps de l'âme, du cœur, du rejet, de la dépossession, de l'enfant à remettre au monde dans les orbites creusées de l'adulte qui s'y refuse. Contradictions, toute une vie de contradictions à piéger l'amour dans des cages ouvertes. Pour ne jamais céder à l'illusion de l'enracinement et, ce faisant, retourner à ses racines sous-marines nourrir de planctons et d'imaginaires les branchies de ses prochains envols.

S'élever du sol, rejoindre le moi intérieur, aspirer à la paix du cœur, de l'âme, éternel labeur recommencé, trouver la paix sans faire la guerre, métier auquel tout un chacun n'est pas convié.

Pour lui, par contre, tout cela semble des plus naturels, comme s'il ne se posait pas de questions, mais cherchait des réponses, comme si tout était dans le regard et non dans la chose regardée.

Difficile dans cette vision d'être de son époque, d'être d'une époque, d'appartenir à une école, à une façon de dire, d'être, de faire ou de taire.

La seule école qui lui sied vraiment est buissonnière, nomade, car Michel Conte est visionnaire. Il est toujours où on ne le cherche pas... Normal, il est d'ailleurs... et ne se gêne pas pour l'affirmer.

Michel Conte a toujours été spirituel, mais, depuis son départ du Québec, au début des années quatre-vingt, il l'est devenu de plus en plus, donnant, de par le monde, des séminaires sur la guérison de l'âme, la paix de l'âme en des termes bien plus savants que je ne saurais vous les décrire ici.

Ce qui ne l'a surtout pas empêché de continuer de créer, d'animer des émissions de télévision aux îles Canaries, où il habite depuis son départ du Québec, d'effectuer de nombreux séminaires en Europe, de composer de la musique, d'écrire des chansons en espagnol et en français, et de revenir au Québec, par intermittence, avec même une tentative de réinstallation, il y a quelques années, laquelle ne s'est pas avérée fructueuse.

Alors, il est reparti dans son île de chaleur et de beauté, sa Tenerife aimée de mystères et de volcans, où l'insularité lui conserve son côté créateur, pour notre plus grand bonheur.

J'ai connu Michel Conte en 1981, par hasard – bien que l'on dise qu'il n'y a pas de hasard, mais de beaux rendez-vous – au théâtre de Quat'Sous, à la première d'une artiste que j'aimais bien et qui est, elle aussi, devenue une amie par la suite. Il s'agissait du merveilleux spectacle Danielle Oderra chante Brel, *mis en scène par le regretté Gaétan Labrèche.*

À l'entracte, dans l'entrée, je l'ai croisé, salué, parce que je connaissais ses chansons, que je suivais ses faits d'armes dans l'actualité culturelle québécoise depuis de nombreuses années, à travers le télescope de ma Gaspésie natale. Une des premières choses que je lui ai dites, dans toute ma franchise, il s'en souvient encore: «J'ai toujours trouvé que vous ressembliez à un extraterrestre.» Et lui de me répondre, sans se démonter: «Mais, c'est que j'en suis un.»

Et encore aujourd'hui, après un quart de siècle de belle amitié, je n'en pense pas moins. Pour moi, Michel Conte est, et restera, quelqu'un d'ailleurs, un nomade, un passeur... et, avec lui, nous passons d'une rive à l'autre, d'hier à demain, de vie à mort et de mort à résurrection, avec toute sa famille recomposée de chansons mythiques, magnifiquement interprétées par les plus belles voix d'ici et d'ailleurs.

Passeur, oui, pour moi, Michel Conte est un passeur, un cueilleur de vie avec tout ce que cela comporte de sensibilité dans le bout de ses doigts, sensibilité du cœur et de l'âme, pour reconnaître le fruit à la fleur qui l'enfante, avec le plus grand respect pour l'épine qui le confirme dans l'intensité porteuse de vie du moment.

Avec lui, nous passons, escortés par Évangéline, *de l'Acadie des découvertes à la Louisiane des ruptures, de la passion à la dépossession, non pas dans la révolte, mais dans la douceur. Avec* Kamouraska, *c'est à la* mort qu'il nous convie, comme issue fatale à toutes liaisons dangereuses, aspirées par l'hiver québécois. Cet hiver qu'il apprivoisera, bien malgré lui, alors jeune immigré à Montréal, sans le sou.

À la recherche de réponses à sa vie, en s'adressant à Dieu, il composera Viens faire un tour *et, en réponse à l'agression, la manipulation,* Les colombes, *comme pour ne jamais s'éloigner de l'enfance, de l'enfant constamment remis au monde au matin de lui-même, pour le plaisir de s'émerveiller, de créer, de prendre et de donner.*

Depuis son arrivée au Québec, Michel Conte a toujours été à l'avant-garde de son époque. Pas étonnant que, la plupart du temps, il ait eu à en payer le prix.

Il fut l'un des premiers à monter un spectacle à thématique spirituelle qu'il présenta dans les églises, tant au Québec qu'en France. Là-bas, il aboutit d'ailleurs en prison, avec ses musiciens, après un concert où il clamait et chantait bien haut que Jésus était revenu sous les traits d'un bum, d'un gars de bicycle, ce qui était un peu trop décoiffant pour l'époque.

Même tableau lors de son retour, à la fin des années soixante-dix, avec le merveilleux album Les enfants du ciel, *inspiré par* Le Prophète *de Khalil Gibran, où l'on trouve un autre chef-d'œuvre de chanson avec* La source coule, *nous faisant découvrir la merveilleuse Angela Laurier.*

Encore là, le disque arrivait un peu trop tôt, mais l'influence allait bientôt faire son chemin et viendraient à sa suite de nombreux adeptes et créateurs, à commencer par Raôul Duguay et bien d'autres, à faire, dire et promener cette musique dite nouvel âge.

Michel Conte fut pour nous, au Québec, un révélateur. Son regard, sa sensibilité, son sens artistique allaient nous amener à nous voir autrement. En mettant, pendant des décennies, à titre de chorégraphe à Radio-Canada, des pas sur nos musiques d'abord et, par la suite, des mots, des mélodies, sur les voix d'ici, s'empressant de nous emporter ailleurs pour remporter plusieurs prix dont un prix international.

Nous révéler et cependant nous révélant. On oublie trop souvent que Michel Conte fut le premier à parler de l'Acadie en chanson, avec sa fabuleuse Shippagan *et, par la suite, avec* Évangéline, *ce qui devait paver la route à de nombreux autres, à commencer par Claude Léveillée, qui composa à sa suite* Les filles d'Acadie, *Michel Fugain,* Tous les Acadiens, toutes les Acadiennes, *et qui aida sûrement à la reconnaissance de nombreux auteurs-compositeurs acadiens qui firent leur apparition dans ce sillage, dont Donat Lacroix, Édith Butler, Angèle Arsenault, Raymond Breau et Calixte Duguay, pour ne nommer que ceux-là.*

Mais, encore là, Michel Conte ne fait que passer. Déçu de la réception des Enfants du ciel, *sorti en 1977, il décide de partir vivre aux îles Canaries, au début des années quatre-vingt. Il y est toujours.*

C'est donc au Quat'Sous que je le rencontrai la première fois. Je le revis plusieurs fois par la suite. Avec lui, ce fut une amitié aussi naturelle que nécessaire. Peu après, je publiais mon premier livre de poésie intitulé De saumure et d'eau douce. *Michel Conte en signait la préface qui allait comme suit : « Il se nomme Sylvain Rivière et il est né en Gaspésie. Il est naturel qu'il soit poète. Gaspésie a toujours rimé, pour moi, avec poésie. Outre la solitude qui permet aux yeux de voir plus loin, la terre gaspésienne a toujours offert, à ceux qu'elle a portés en elle, le don des mots qui résonnent comme de la musique. Entre la rivière et la mer, la saumure et l'eau douce, Sylvain le Gaspésien hésite entre les deux pôles de sa vie. Nous sommes tous confrontés, un jour, à ce choix que la vie s'amuse à nous imposer : Sommes-nous mer ou bien rivière ? Sommes-nous poissons ou pêcheurs ? Entre le passé de la saumure et l'avenir de l'eau douce, Sylvain Rivière parle au présent avec des mots qui me touchent, car ils sont ceux que chaque homme, un jour, a murmurés pour lui tout seul, avec toute la pudeur qu'inspire le grand mystère : VIVRE. »*

Pour moi, à l'époque, ce fut un grand honneur que Michel Conte accepte de préfacer mon livre, d'autant plus que celui-ci avait été refusé partout et que je l'avais finalement publié à compte d'auteur, après quelques années de labeur à la baie James. C'était un honneur et c'en est toujours un. Peu après, il décidait de tout vendre à Montréal et de partir pour les îles Canaries. Cela fait déjà vingt-cinq ans. Un quart de siècle, comme diraient ceux qui tiennent le temps. Depuis, nous ne nous sommes jamais perdus de vue et avons toujours continué d'entretenir cette amitié, en nous donnant des nouvelles, quelques fois par année, en nous voyant lors de ses voyages en coup de vent à Montréal, un peu plus lors de sa tentative de rapatriement dans cette ville, il y a quelques années.

Pendant toutes ces années, il m'invitait à aller le visiter aux Canaries, mais pour toutes sortes de raisons, cela ne semblait jamais vouloir se faire, jusqu'à l'an dernier, en février. Profitant d'une tournée en Europe, je me réservai une semaine pour aller le saluer aux Canaries. Ce fut pour moi une belle découverte de son île, doublée d'une belle redécouverte de lui-même, dans un état de fragilité que je ne lui avais jamais connu. Il se relevait de trois pontages l'ayant mené au seuil d'une mort qu'il avait ignorée jusqu'à présent.

Loin d'abdiquer, il était à créer un nouveau spectacle pour rendre hommage à ce nouveau cœur qui battait désormais en lui plus que jamais, voulant témoigner de cette nouvelle vie qui jaillissait de lui, dans la musique de mots nouveaux.

Je profitai de mon passage aux îles Canaries pour lui rappeler qu'il était encore bien présent dans la mémoire collective chez nous et qu'il devrait penser à y revenir faire des choses.

Après mon retour, nous gardâmes le contact et, à l'automne, par courriel, il m'annonça fièrement qu'Évangéline était en nomination pour la chanson de l'année au gala de l'ADISQ et qu'il viendrait à Montréal pour la remise des prix. Peu après, il me téléphonait pour m'inviter à manger avec lui lors de son séjour, ce que nous fîmes dès le lendemain de sa victoire avec Évangéline.

Cette reconnaissance, tardive pour une chanson remontant à une bonne trentaine d'années, lui redonnait le goût de réaliser des projets ici.

Quelques jours plus tard, le hasard faisant bien les choses, à Dorval, juste avant de prendre mon avion pour les îles de la Madeleine, en fouillant dans les disques d'une boutique de l'aéroport, je trouvai un album double des grands succès de Monique Leyrac que j'achetai sur-le-champ, après m'être bien assuré que les chansons que Michel Conte lui avait composées s'y retrouvaient. En tournant les talons, pour passer la barrière de sécurité, je croise, encore comme par hasard, Michel Conte, tout surpris, qui me dit: «Qu'est-ce que tu fais là?» «Je pars dans mes îles.» Et lui de me répondre: «Moi aussi.» Destin croisé, chacun retournant à son île, son univers, sa création, son bout du monde.

À peine un mois plus tard, il m'écrivait qu'il travaillait à un livre regroupant ses plus belles chansons, avec l'histoire de leur naissance, en me disant qu'il me l'enverrait une fois terminé.

Peu après, je reçus le manuscrit Évangéline ou l'amour en exil *accompagné d'une lettre me demandant d'en signer la préface pour lui rendre la pareille, vingt-cinq ans plus tard. Comme quoi, le temps ne veut pas dire grand-chose quand l'amitié et la confiance perdurent.*

Voilà pourquoi je me commets aujourd'hui, tout d'abord pour te remercier, Michel, de m'avoir fait confiance, il y a vingt-cinq ans, alors que cela ne t'apportait rien de particulier. Merci pour ton humanité, ta façon de voir, de dire, de faire autrement, même si pour cela il y a un prix à payer en monnaie d'authenticité. Le temps parle pour toi.

Nous sommes tous un grand silence dans une diversité de voix immense, mais la plus grande violence faite à soi-même est peut-être la résignation.

En ce sens, tu n'es pas violent, car même si le doute, la remise en question, tes choix de vies multiples ont eu l'air, pour un temps, de t'éloigner de la chanson, fort heureusement pour nous, loin de se résigner, la chanson ne s'est jamais éloignée de toi.

Et je sais que le meilleur reste encore à venir. Tu nous le dois. Nous l'attendons pour que cette vie unique témoigne encore et toujours de ce que tu portes en toi qui vient d'ailleurs tout en étant plus que jamais d'ici...

Peut-être tout simplement parce que ce n'est pas pour devenir écrivain que l'on écrit, pour devenir musicien que l'on compose, pour devenir chanteur que l'on chante, mais pour rejoindre en silence cet amour qui manque à tout amour.

Le visionnaire en toi avait compris cela bien avant de débarquer sur nos côtes pour en fouler le sol, tout simplement parce que... ton nom c'est le nom de tous ceux qui, malgré qu'ils soient malheureux, croient en l'amour et espèrent, car l'océan parle pour toi, le vent du nord porte ta voix de l'océan jusqu'à la plaine, et qu'il existe, encore aujourd'hui, des gens qui vivent dans ce pays et qui de toi se souviennent...

Merci ! Au plaisir de t'entendre bientôt, j'espère.

SYLVAIN RIVIÈRE
les Îles,
29 janvier 2007

Chansons de l'histoire

Il est certain que l'étranger qui arrive dans un pays inconnu voit des choses que les habitants de ce même pays, parce qu'ils sont nés de lui, ne voient pas. Cela m'est arrivé au Québec et aux îles Canaries. L'étranger porte sur ce qui l'entoure un regard différent de celui de l'autochtone. J'ai eu l'impression en écoutant mes chansons (celles qui ont été enregistrées, car les autres je les ai perdues) que, depuis mon arrivée en 1955 jusqu'à mon départ en 1982, j'ai vécu l'histoire du Québec comme un témoin. Un témoin de l'histoire passée et de l'histoire présente. C'est pour cela que j'ai intitulé cette section : « Chansons de l'histoire ».

Shippagan

Durant l'été de 1967, je décidai de me perdre dans les Provinces maritimes, que je ne connaissais point. Je pris la voiture, abandonnai Montréal à la chaleur humide et je longeai le Grand Fleuve jusqu'à la vallée de la Matapédia. Là, moi qui avais décidé de me perdre, je me perdis pour de vrai, guidé sans doute par l'inexplicable destin. Cherchant Tracadie, j'aboutis à Shippagan. Le nom de ce village me plut aussitôt que je le vis sur un panneau. Il a la sonorité de la vague qui fouette le rocher, la force de la barque qui résiste à la vague et l'écho de l'océan qui rugit dans la nuit. Un nom qui appelle de la musique, un nom qui veut chanter et se faire chanter.

À l'époque, il y avait peu à voir au village lui-même. Une rue principale, la mairie, un hôtel qui faisait aussi office de restaurant, une taverne et un magasin général. C'est au magasin général que je connus celui qui allait devenir le personnage principal de la future chanson. Il était parti chercher du travail au Québec mais il était revenu vite. Apparemment, les Acadiens ont besoin de l'Acadie pour vivre. Il m'invita à venir pêcher la morue. Nous partîmes vers les deux heures du matin. Un capitaine, trois pêcheurs et moi dans une petite barque. Je ne vis aucun filet. La barque fila tout droit sur une mer qui valsait doucement. Il faisait noir, la lune se cachait et le silence chantait dans ma tête, accompagné par le teuf-teuf du moteur à deux temps. Soudain, le capitaine éteignit le moteur.

– On y va, dit-il.

Et les trois pêcheurs sortirent des lignes au bout desquelles était fixé un gros hameçon. Je n'en croyais pas mes yeux. Mon nouvel ami me donna une ligne et m'invita à pêcher la morue comme un vrai Acadien. Cela me paraissait invraisemblable que les lignes remontassent avec une morue attrapée par le ventre, ou par la tête, ou par la queue. Il me fallut un certain temps pour comprendre que nous étions au-dessus d'un banc de morues et que c'était la chance (ou, pour la morue, la malchance) qui décidait du résultat de la pêche.

Soudain, le capitaine annonça :

– On repart !

Le teuf-teuf à nouveau. J'imaginais que les morues avaient enfin compris que c'était mieux pour elles de changer de territoire, mais je me demandais comment le capitaine avait su qu'elles n'étaient plus là. Plus étonnant encore qu'il ait su à quel moment il était de nouveau au-dessus d'un autre banc de morues (ou le même) et... *vas-y mon ami*. On arrête la barque et on jette nos lignes à la mer. Puis on tire d'un coup sec vers le haut pour voir si une morue s'agite au bout de l'hameçon. Je crois que j'ai dû en attraper une ou deux durant les quelques heures de cette pêche étrange. Ma main saignait malgré le gant improvisé, car la ligne coupait comme une corde de piano. Vers les huit heures du matin, rentrée au port et petit tour à la taverne, à boire de la bière. Et puis aller dormir, bien sûr, pour pouvoir, dans l'après-midi, aller admirer le paysage.

Tout un paysage ! Totalement surréaliste, mélange de dunes, de canaux d'eau salée, de plaines désertiques ; une Venise de sable blanc, une lagune dans laquelle des îlots de joncs s'agitent au rythme du vent comme des gondoles désespérées. Je suis « tombé en amour » avec ce paysage et, durant quelques jours, j'ai marché sur la lagune et sur les plages désertes, inspecté l'île de Miscou de long en large, apprécié la gentillesse des habitants et la bienveillance du maire, le docteur Gauthier.

Quelques jours plus tard, en quittant le village, après le premier tournant, une chanson commença à prendre forme dans ma tête. En arrivant à Québec, elle était terminée et apprise, paroles et musique. Écrire une chanson, c'est une manière comme une autre de tomber amoureux.

De retour à Montréal, je ne me souviens plus très bien comment Renée Claude hérita de cette chanson et l'enregistra. La chanson se fit entendre sur les ondes en février 1968. En avril, le docteur Gauthier nous fit venir à Shippagan, Renée Claude et moi, pour un « lancement » de la chanson au Nouveau-Brunswick et, au mois d'août, ce même docteur Gauthier m'appela pour m'annoncer que son village accueillait des centaines de visiteurs qui venaient « voir si c'était aussi beau que dans la chanson ».

C'est alors que je me rendis compte de la force que peut avoir une chanson qui tourne souvent à la radio, et spécialement une chanson qui a été écrite par amour. L'année suivante, Shippagan avait son terrain de camping, son motel, et sûrement que ce village a continué à croître puisque je viens d'apprendre qu'il s'y tient maintenant un Salon du livre tous les mois d'octobre. Incroyable!

Mais ce que je ne savais pas à l'époque, c'était que *Shippagan*, hormis le fait d'être la première chanson écrite par un Québécois d'adoption qui mentionnait l'Acadie, était le prologue de ma rencontre avec Évangéline.

Je ne sais pas si le docteur Gauthier vit toujours ou s'il est passé de l'autre côté de la Vie, mais s'il en est ainsi, je suis sûr que je le retrouverai lorsque moi aussi je ferai ma transition, et que tous les deux nous enseignerons aux anges à chanter: Ship-pa-gan, Ship-pa-gan... (Je sais depuis peu que le docteur Gauthier a «transité». Alors à bientôt, docteur, attendez-moi!)

Shippagan

Il est le seul de son village qui soit parti de l'Acadie
À Shippagan, ceux de son âge sont tous restés dans le pays
Il ne peut pas être lui-même lorsqu'il est loin de l'Acadie
Il s'ennuie de tous ceux qu'il aime et Shippagan lui manque aussi

> Shippagan, ce n'est ni presqu'île ni terre*
> Car l'eau et le ciel n'y font qu'un
> Shippagan, ce n'est ni fleuve ni rivière
> Et ce n'est pas encore la mer
> Shippagan, ce n'est ni peuple ni frontière
> Car ce n'est pas un vrai pays
> Shippagan, ce n'est ni fable ni mystère
> C'est tout simplement l'Acadie

Quitter l'endroit qui t'a vu naître n'est pas si facile qu'on dit
Il souffre ce que ses ancêtres ont souffert quand ils sont partis
Chassés par le roi d'Angleterre, ils ont attendu très longtemps
Pour revenir prendre leurs terres, en Acadie, à Shippagan

> Shippagan, ce n'est ni presqu'île ni terre
> Car l'eau et le ciel n'y font qu'un
> Shippagan, ce n'est ni fleuve ni rivière
> Et ce n'est pas encore la mer
> Shippagan, ce n'est ni peuple ni frontière
> Car ce n'est pas un vrai pays
> Shippagan, ce n'est ni fable ni mystère
> C'est tout simplement l'Acadie

---

* Les textes en retrait sont généralement les refrains des chansons. Toutefois, lorsque les chansons commencent par le refrain, ce sont les couplets qui sont en retrait.

Il reviendra dans son village comme tous ceux qui sont partis
Il veut d'abord devenir sage et être sûr qu'il a compris
Qu'il n'y a qu'une chose sur terre qui lui soit fidèle longtemps
La barque faite par son père et qui l'attend à Shippagan

    Shippagan, c'est à la fois presqu'île et terre
    Car l'eau et le ciel n'y font qu'un
    Shippagan, c'est à la fois fleuve et rivière
    Et c'est déjà presque la mer
    Shippagan, c'est à la fois peuple et frontière
    Car dans le fond c'est son pays
    Shippagan, c'est à la fois fable et mystère
    C'est tout simplement l'Acadie
    Shippagan, Shippagan, Shippagan

Évangéline

Cette jeune Acadienne apparaît dans ma vie pour la première fois dans le magnifique poème de Longfellow. Plus tard, une traduction en français de ce même poème ramène cette fille de Grand-Pré dans ma mémoire. Son histoire me touche énormément. Je ne sais pas vraiment pourquoi. (Il me faudra attendre trente ans pour le savoir.) Puis, j'oublie Évangéline, ou plutôt, elle attend son heure pour se remettre sur mon chemin.

Cela se passe deux ans après avoir découvert au Nouveau-Brunswick le petit village de Shippagan et l'avoir rendu célèbre avec une chanson.

En retournant à Shippagan, je passais par Caraquet et là, sur la place, m'attendait Évangéline, dans sa statue de pierre.

Je ne saurais trop dire ce qui se passa lorsque je lus sur le socle le nom d'Évangéline. Quelque chose qui frappe à la porte de ma mémoire… le poème de Longfellow… une grande tristesse qui m'envahit… un choc inconscient mais suffisamment fort pour que je décide d'écrire une chanson sur cette femme qui me paraît être une héroïne de roman, une Iseult maritime, une Juliette nordique, une femme dont le courage me fait mal, dont l'espérance me donne envie de pleurer.

De retour à Montréal, s'élabore peu à peu le processus de création de cette chanson, qui, contrairement aux autres, naît lentement et dans l'effort. C'est comme si quelqu'un me dicte un texte et que je n'entends pas bien les mots et qu'il me faut les lui faire répéter. La prosodie est difficile, inusitée, et la mélodie insiste pour que ce soit les mots qui la créent et non le contraire. Le refrain est le plus court que j'aie jamais écrit. En fait, le refrain se limite au nom de cette femme, répété deux fois. Impossible de faire plus simple !

Je ne me souviens pas combien de temps m'a pris l'écriture de cette chanson. Ensuite, tout est allé très vite. Isabelle Pierre s'apprêtait à faire un disque. Elle aima la chanson. Stéphane Venne écrivit sûrement le plus mauvais arrangement qu'il ait fait de toute sa carrière.

Isabelle était trop froide pour interpréter un texte aussi passionné. Bref, je n'étais pas très heureux de ce que l'on avait fait à cette pauvre Évangéline. La chanson passa à la radio, certes, mais sans provoquer de fortes réactions.

Heureusement, *Évangéline* a su survivre à cette malheureuse expérience. En Acadie, la chanson circula de bouche en bouche et trouva d'autres interprètes. Je ne nommerai pas ici toutes les chanteuses (et quelques chanteurs) qui ont enregistré cette chanson. Peu à peu, Évangéline prit sa place comme symbole de l'Acadie. Peu à peu, elle s'imposa comme la résistante à l'invasion de l'oppresseur, comme l'emblème de la fidélité à l'amour donné, la représentation de la souffrance qui, avec le temps, se transforme en espoir et en dévouement aux autres.

Après plusieurs années, on oublia le nom de celui qui l'avait écrite. Comme me dit un jour Claude Léveillée :

– Ça prenait bien un maudit Français pour écrire une chanson pareille !

Mais c'est aussi un Français, Louis Hémon, qui a écrit un roman sur l'histoire de Maria Chapdelaine ! Une héroïne du Québec.

En fait, j'ai toujours eu l'impression qu'Évangéline, depuis l'immortalité de son âme, s'était servie de moi pour écrire sa propre chanson. J'ai quitté le Québec en 1982, mais *Évangéline* continua à vivre sa propre vie sans que personne ne se soucie de savoir ce qui était advenu de son auteur. Mon ami Sylvain Rivière, qui vit aux îles de la Madeleine et transite souvent par l'Acadie, me disait que la chanson continuait à être chantée dans tous les festivals acadiens. Et puis, tout d'un coup, se produit le « miracle ». Grâce à *Star Académie*, par la voix d'une jeune Acadienne, Annie Blanchard, *Évangéline* se fait élire en 2006 la chanson la plus populaire de l'année au gala de l'ADISQ.

Entre-temps, j'avais appris qui était vraiment Évangéline et quelle sorte de relation nous avions, elle et moi. Gustave Flaubert disait : « Madame Bovary, c'est moi ! » Je peux également affirmer : « Évangéline, c'est moi ! » Cette femme est vraiment capable de faire des miracles dans le cœur et dans l'âme de tous ceux qui l'écoutent. Cela démontre que la chanson, comme toutes les autres formes d'expression, peut être un art thérapeutique, comme le dit si bien Alejandro Jodorowski.

Merci, Évangéline, d'être qui tu es et de continuer à donner de l'espoir à tous ceux qui sont malheureux. L'amour existe. Tu l'as démontré tout au long de ta vie. La fidélité aussi existe. Fidélité à soi et, par là, bien sûr, à l'autre. Merci surtout de continuer à chanter dans le cœur de tous les Acadiens… et des autres.

Évangéline

Les étoiles étaient dans le ciel
Toi, dans les bras de Gabriel
Il faisait beau, c'était dimanche
Les cloches allaient bientôt sonner
Et tu allais te marier
Dans ta première robe blanche
L'automne était bien commencé
Les troupeaux étaient tous rentrés
Et parties, toutes les sarcelles
Et le soir, au son du violon
Les filles et surtout les garçons
T'auraient dit que tu étais belle

    Évangéline, Évangéline

Mais les Anglais sont arrivés
Dans l'église ils ont enfermé
Tous les hommes de ton village
Et les femmes ont dû passer
Avec les enfants qui pleuraient
Toute la nuit sur le rivage
Au matin, ils ont embarqué
Gabriel sur un grand voilier
Sans un adieu, sans un sourire
Et toute seule sur le quai
Tu as essayé de prier
Mais tu n'avais plus rien à dire

    Évangéline, Évangéline

Alors pendant plus de vingt ans
Tu as recherché ton amant
À travers toute l'Amérique
Dans les plaines et les vallons
Chaque vent murmurait son nom
Comme la plus jolie musique
Même si ton cœur était mort
Ton amour grandissait plus fort
Dans le souvenir et l'absence
Il était toutes tes pensées
Et chaque jour il fleurissait
Dans le grand jardin du silence

    Évangéline, Évangéline

Tu vécus dans le seul désir
De soulager et de guérir
Ceux qui souffraient plus que toi-même
Tu appris qu'au bout des chagrins
Il existe toujours un chemin
Qui mène à celui qui nous aime
Ainsi, un dimanche matin
Tu entendis dans le lointain
Les carillons de ton village
Et soudain alors tu compris
Que tes épreuves étaient finies
Ainsi que le très long voyage

    Évangéline, Évangéline

Devant toi était étendu
Sur un grabat un inconnu
Un vieillard mourant de faiblesse
Dans la lumière du matin
Son visage sembla soudain
Prendre les traits de sa jeunesse
Gabriel mourut dans tes bras
Sur sa bouche tu déposas
Un baiser long comme ta vie
Il faut avoir beaucoup aimé
Pour pouvoir encore trouver
La force de dire « merci »

    Évangéline, Évangéline

Il existe encore aujourd'hui
Des gens qui vivent dans ton pays
Et qui, de ton nom, se souviennent
Car l'océan parle de toi
Les vents du sud portent ta voix
De la forêt jusqu'à la plaine
Ton nom, c'est plus que l'Acadie
Plus que l'espoir d'une patrie
Ton nom dépasse les frontières
Ton nom, c'est le nom de tous ceux
Qui, malgré qu'ils soient malheureux
Croient en l'amour et puis espèrent

    Évangéline, Évangéline
    Évangéline, Évangéline

Péribonka

C'est curieux qu'aucun auteur-compositeur québécois n'ait écrit une chanson sur Maria Chapdelaine, la grande héroïne du Lac-Saint-Jean. Peut-être parce que le livre qui l'a rendue célèbre dans le monde entier avait été écrit par un Français, Louis Hémon, et que ce livre a été considéré par les Québécois comme une histoire qui ne les touchait pas vraiment, qui n'était pas digne d'être racontée. En effet, des hommes meurent chaque année dans le bois pendant l'hiver. Même des Indiens! Alors! C'est un peu comme lorsque Line Renaud chantait *Ma cabane au Canada*. J'imagine que les Québécois, qui, dans les années cinquante, étaient encore des « Canadiens », devaient trouver cette chanson un peu stupide. Les petits cousins d'Amérique, comme disaient les Français en souriant d'un air un peu condescendant, devront attendre Gilles Vigneault pour découvrir le vrai visage des Québécois, car Félix Leclerc, en 1955, avait encore pour les Français la saveur de *Maria Chapdelaine* et de *Ma cabane au Canada*.

Un jour, je crois que c'était en 1972, année qui coïncidait avec ma crise des quarante ans, Lise Thouin m'invita à participer à un disque qu'elle voulait enregistrer pour fêter son rôle de mère. Elle venait d'avoir son premier enfant, Jean-Sébastien, et moi, je me désespérais d'être arrivé au sommet de la colline et de devoir entreprendre la descente sans avoir eu de « descendance ». Je traversais des mois marqués par la forte envie d'avoir un enfant. Le disque de Lise Thouin me permit d'apaiser ce désir. Je lui écrivis plusieurs chansons sur le thème de l'enfance et ce travail fut pour moi comme un exorcisme. Mon besoin de devenir « père » s'évanouit dans l'écriture.

Je ne me souviens plus comment j'ai eu l'idée d'écrire une chanson sur l'héroïne du Lac-Saint-Jean pour la placer sur le disque de Lise Thouin. À présent que je réécoute les chansons écrites au cours de mon séjour au Québec, je me rends compte que j'ai été comme un témoin de l'histoire ancienne et de l'histoire présente de ce pays. C'est un peu comme si, inconsciemment, j'avais obéi à la devise du Québec: *Je me souviens*. D'ailleurs, j'ai écrit une chanson portant ce titre, que j'ai enregistrée sur un de mes disques. Je reparlerai de cette chanson un peu plus loin.

Péribonka, c'est donc l'histoire de Maria Chapdelaine, une histoire d'amour qui finit mal.

Maintenant, la mémoire me revient. Lorsqu'on écoute la chanson, il devient évident qu'elle a été écrite comme un récit que l'on peut conter aux enfants, un soir d'hiver près de la cheminée… Il était une fois une jeune fille très jolie qui s'appelait Maria et qui vivait dans un petit village du Lac-Saint-Jean…

Péribonka

Qu'ils sont longs les jours à Péribonka
Qu'ils sont longs, oui, qu'ils sont longs
Qu'ils sont longs les jours à Péribonka
Longs pour Maria

    François aimait bien Maria
    Un jour, en rougissant, il avait dit :
    « M'attendrez-vous, je pars travailler dans le bois »
    Et Maria simplement avait dit oui

Qu'ils sont longs les jours à Péribonka
Qu'ils sont longs, oui, qu'ils sont longs
Qu'ils sont longs les jours à Péribonka
Longs pour Maria

    La neige est venue se poser
    Sur le tapis des feuilles colorées
    Des amis de François sont venus pour veiller
    Et dire qu'il reviendrait au mois de mai

Qu'ils sont longs les jours à Péribonka
Qu'ils sont longs, oui, qu'ils sont longs
Qu'ils sont longs les jours à Péribonka
Longs pour Maria

    Avril vient de finir son mois
    Aujourd'hui on a trouvé dans le bois
    À quelques milles à peine de la maison de Maria
    Un homme mort de froid : c'était François

Qu'ils sont longs les jours à Péribonka
Qu'ils sont longs, oui, qu'ils sont longs
Qu'ils sont longs les jours à Péribonka
Longs pour Maria

    Deux ans maintenant ont passé
    Et deux amoureux se sont proposés
    Le premier sur sa terre voudrait bien la garder
    Le deuxième, aux États, veut l'emmener

Qu'ils sont longs les jours à Péribonka
Qu'ils sont longs, oui, qu'ils sont longs
Qu'ils sont longs les jours à Péribonka
Longs pour Maria

    Maria enfin s'est décidée
    Le père Chapdelaine est décédé
    Je suis de ce pays et de lui je suis né
    C'est ici que mon cœur doit demeurer

Qu'ils sont longs les jours à Péribonka
Qu'ils sont longs, oui, qu'ils sont longs
Qu'ils sont longs les jours à Péribonka
Quand on s'appelle Maria

Qu'ils sont longs les jours à Péribonka
Qu'ils sont longs, oui, qu'ils sont longs
Qu'ils sont longs les jours à Péribonka
Quand on s'appelle Maria

Kamouraska

Kamouraska est un livre écrit par Anne Hébert. Un beau livre qui décrit les amours d'une femme mariée qui s'éprend du docteur du village. Un trio amoureux merveilleusement décrit par un des plus grands écrivains du Québec. Ce qui me plut dans ce livre, ce fut la passion de l'héroïne. Cette jeune femme, partagée entre deux amours mais incapable de résister à la force de sa passion, transforme sa petite vie ordonnée en un drame classique, se créant un destin tragique là où il n'y aurait dû y avoir que de l'ordre immuable, transformant en une fatalité impérative une destinée qui aurait dû être d'une tranquille et invariable immobilité. C'est un peu une « madame Bovary » québécoise.

J'écrivis à madame Hébert pour lui demander la permission de composer une chanson inspirée de son livre. Elle me l'accorda. Entre-temps, Claude Jutra avait fait une adaptation cinématographique de l'œuvre de madame Hébert avec la magnifique Geneviève Bujold dans le rôle de l'héroïne passionnée.

L'écriture de la chanson fut lente, comme celle d'*Évangéline*. Je crois que lorsqu'on se sert de l'œuvre d'une autre personne, il faut mesurer les paroles, en essayant de ne pas trahir l'essence de l'ouvrage dont on s'inspire. Kamouraska, c'est le nom d'un village situé sur le bord du Grand Fleuve, mais dans la chanson, je me suis servi de ce nom comme s'il était le responsable de la tragédie qui va prendre forme, comme si c'était lui qui, possédé par une énergie passionnelle, transformait la vie de cette femme en un tragique destin. Dans ma chanson, elle accuse d'une certaine manière Kamouraska de l'avoir envoûtée. Comme pour Shippagan, je donnais à Kamouraska toute la force de sa sonorité, toute la passion qui se trouve enfermée dans sa terrible résonance. De fait, ce nom-là est magnifique. Ce pourrait être celui d'un chaman indien, d'un guerrier qui mène sa tribu à une sanglante victoire sur la tribu ennemie. C'est curieux, mais Mireille Mathieu, qui écouta la chanson, me fit demander par un éditeur français si j'accepterais qu'un auteur français écrivît de nouvelles paroles sur ma musique, afin de transformer Kamouraska en un chef indien. Je refusai, me privant du même coup de substantiels droits d'auteur, mais envers madame Hébert, je crois que cela aurait été une grande trahison. Je refusai l'offre de l'éditeur français comme je refusai à Monique Leyrac de changer certaines paroles qu'elle n'aimait pas.

Cette chanson cherchait donc une chanteuse avec une grande voix, car la tessiture musicale qu'elle exige est très étendue (plus de deux octaves), lorsque vint l'offre de Maurice Dubois de Radio-Canada d'envoyer une chanson aux « Olympiques de la chanson d'Athènes » de 1973 pour représenter le Canada. Maurice Dubois avait été membre du jury de l'événement les années précédentes. Il était cette fois-là invité d'honneur. J'envoyai un démo de *Kamouraska* chantée par France Castel. Plusieurs autres compositeurs firent aussi parvenir une chanson et le jury grec choisit la mienne pour représenter le Canada dans ces « Olympiques musicales ».

Quarante pays participaient à la compétition et aucun membre du jury n'était canadien. Au moment de faire écrire un arrangement, France Castel se décommanda. Elle avait peur de prendre l'avion pour un si grand voyage. Elle souffrait d'un syndrome assez curieux. Lorsqu'elle voyageait en avion, elle voyait des « Chinois » partout et se sentait attaquée par eux, au point qu'elle pensait qu'elle allait mourir. Elle ne se sentait pas capable de faire face à ces « Chinois » durant un si long voyage : Montréal-Paris, Paris-Athènes. Force nous fut de chercher une autre chanteuse.

Entre-temps, j'avais connu un pianiste, Maurice Baril, qui jouait souvent dans des clubs gay et qui me parla de sa compagne, Julie Arel. C'était une très belle femme, grande, avec un corps sculptural. Et une voix! Quelle voix! Si l'on comptait les sons de sa « voix de tête », Julie se promenait le long de trois octaves avec facilité. Dès la première entrevue où je lui présentai la chanson, je sus que c'était elle qui devait la chanter. Et ainsi fut fait. Nous partîmes les trois pour Athènes, Maurice Dubois, Julie Arel et moi. Je ne me faisais pas beaucoup d'illusions sur le concours, j'étais heureux d'avoir le voyage et le séjour payés durant une semaine dans un pays que j'adore et que j'avais déjà parcouru en 1966.

Nous nous installâmes à l'Hôtel d'Angleterre et nous nous aperçûmes que la somme des numéros de nos trois chambres donnait 7. Un bon signe, dis-je à Julie et à Maurice, qui ne croyaient pas beaucoup à la numérologie. Je les entraînai ensuite au Parthénon, qui, comme par miracle, était ouvert la nuit durant les trois jours de la pleine lune. La finale se faisait la veille de mon anniversaire. Madame Hirsig, mon astrologue, m'avait prédit une victoire mais lorsque nous nous assîmes, les trois au pied du laurier sacré dans le Parthénon seulement illuminé par la pleine lune, j'oubliai toutes les prédictions pour m'absorber dans une méditation sereine, le cœur plein de gratitude de pouvoir vivre un moment aussi divin. Au diable le concours !

Le lendemain, je n'allai même pas à la répétition et je sus par Julie que Natalie Cole, la fille de Nat King Cole, représentait les États-Unis. J'oubliai encore plus le concours et me dédiai à visiter cette ville à la fois si belle et si terriblement laide. Le soir du troisième jour, j'allai quand même voir si ma chanson était passée en finale. Dix chansons étaient en lice pour la grande finale qui devait avoir lieu dans le stade olympique d'Athènes, le stade tout en marbre blanc dans lequel furent inaugurés les Jeux olympiques modernes. *Kamouraska* figurait dans la liste. Enfin vint le grand jour. Le stade était plein à craquer. Nous étions dans la période du « régime des colonels ». Julie était splendide dans sa robe de soie rose qui volait dans la brise. Elle ressemblait à la *Victoire de Samothrace* (la tête en plus !). Malgré son trac, elle chanta superbement et, à la fin de la chanson, son saut à l'octave de la dernière note déclencha de longs et persistants bravos. Maurice Dubois me dit : « Je crois que tu vas gagner. »

Alors, subitement, je lui demandai quel était le prix attribué au gagnant. C'était en monnaie canadienne l'équivalent de 6000 dollars. J'eus comme un vertige. Six mille dollars, c'était la somme qui me manquait pour pouvoir acheter l'église que je voulais convertir en studio d'expression corporelle à Montréal. J'eus alors la certitude que la chanson allait gagner et, de fait, *Kamouraska* obtint la victoire. Je montai sur la scène pour recevoir deux Orphée en or, un pour les paroles et un pour la musique. Julie reçut une médaille. Des agents de police nous accompagnèrent jusqu'à l'hôtel car l'année précédente, les Orphée avaient été volés à leurs récipiendaires.

De retour à Montréal, j'achetai l'église. Des problèmes avec sa compagnie de disques firent que Julie ne put enregistrer la chanson rapidement et profiter de l'impact de la victoire. Finalement, elle enregistra la chanson six mois plus tard dans un autre arrangement signé également par Yves Lapierre et sans la note finale qui la fit triompher dans le stade olympique d'Athènes. La chanson passa un peu inaperçue. En 1980, la carrière de Julie s'est orientée vers le chant d'inspiration religieuse, mais sans succès médiatique. Je ne sais pas ce que cette chanteuse est devenue mais je garderai toujours en moi l'image de cette femme à la voix si belle que trente mille personnes la reconnurent aussitôt comme une déesse de l'Olympe. Sans elle, *Kamouraska* n'aurait pas gagné à Athènes. Merci, Julie, où que tu sois, de m'avoir permis de vivre un moment aussi précieux.

Kamouraska

Il faudrait de mes yeux chasser la poudrerie
Et les rires qui tintent au fond de ma mémoire
Il faudrait les briser et les jeter au vent
Mais le vent a un nom qui est Kamouraska

Il faudrait de mon cœur effacer les tempêtes
Et les plages sans fin qui dorment sur ma peau
Il faudrait les unir au ciel qui me déserte
Mais le ciel a un nom qui est Kamouraska

    Kamouraska, Kamouraska
    Tu as pris mon amour au piège
    Comme une bête dans le bois, ah! ah!
    Kamouraska, Kamouraska
    Ton nom m'habite et me possède
    Je suis l'automne qui se rend
    Ma vie ne t'échappera pas, je t'appartiens
    Kamouraska

Il faudrait de ma bouche arracher la tendresse
Et les traces de sang qui vivent sur mes mains
Il faudrait les enfouir sous la neige nouvelle
Mais la neige a un nom qui est Kamouraska

    Kamouraska, Kamouraska
    Tu as pris mon amour au piège
    Comme une bête dans le bois, ah! ah!
    Kamouraska, Kamouraska
    Ton nom m'habite et me possède
    Je suis l'automne qui se rend
    Ma vie ne t'échappera pas, je t'appartiens
    Kamouraska

Celle que j'aime est anglaise
(La nuit de la Saint-Jean)

Dans la soirée du 23 juin 1968, les choses commencèrent à se gâter. J'habitais à ce moment-là au coin de Cherrier et Mentana, tout près du parc La Fontaine. Vers les 22 heures, la bataille faisait rage entre la police et les jeunes séparatistes (et les moins jeunes). Au coin de Cherrier et du Parc-La Fontaine, deux voitures de police étaient en flammes. Les policiers à cheval essayaient de repousser les assaillants qui, armés de cocktails Molotov, les attaquaient sans relâche. Par la fenêtre de mon bureau qui se trouvait au premier étage de la maison, j'essayais de regarder ce qui se passait lorsque soudain un jeune homme et une jeune fille vinrent s'installer sous ma fenêtre. Ils déposèrent plusieurs bouteilles qui avaient été transformées en cocktails Molotov et commencèrent à s'embrasser avec fureur. Entre deux baisers, je pouvais entendre: «Tu m'aimes... oui, je t'aime... dis-moi que tu m'aimes... oui, je t'aime...» et puis les baisers s'arrêtèrent brusquement. Chacun d'eux prit alors une des bouteilles-grenades et s'élança vers la rue en hurlant des imprécations que je ne compris pas...

Et commença un jeu dont j'étais le témoin invisible, un jeu à la fois dramatique et comique, durant une nuit spéciale qui bouleversa tout le Québec et le Canada. Ces jeunes gens disparaissaient de ma vue pendant quelques minutes, puis ils réapparaissaient et revenaient se placer sous ma fenêtre. Ils recommençaient à s'embrasser avec voracité... leurs baisers entrecoupés de mots... «tu m'aimes... oui, je t'aime... dis-moi que tu m'aimes... oui, oui, oui, je t'aime» et puis ils s'armaient de nouveau, et, une bouteille dans chaque main, fonçaient en hurlant vers le lieu de la bataille. Même si je savais que ce qui se passait près de chez moi était grave, je ne pouvais pas m'empêcher de sourire lorsque, quelques minutes plus tard, ces jeunes revenaient de nouveau se mettre à l'abri sous ma fenêtre et recommençaient à s'embrasser et à se jurer un amour éternel entres deux lancements de cocktail Molotov. L'amour et la guerre, la révolution et la passion.

Oui, ce qui se passait cette nuit-là était très grave. Certains participants, armés de rasoir, entaillaient les jarrets des chevaux de la police. Il y eut des tas de blessés graves. Le sang coula des deux côtés. La nuit de la Saint-Jean flamba, cette année-là, mais ses feux ne furent pas des feux de joie, plutôt des feux de haine et de désespoir.

Je restai près de ma fenêtre jusqu'à ce que ces deux jeunes gens, privés de munitions mais non d'amour, se fondissent dans la nuit. Quel âge avaient-ils ? Entre quinze et dix-sept ans, à peu près. Je n'ai jamais été en faveur de la séparation, même si je comprenais ce qui motivait les séparatistes à vouloir que le Québec devienne indépendant du Canada. Je me disais que si j'étais né au Québec, peut-être serais-je en train de participer à cette folle nuit de violence. Et cette nuit-là, je sentis une extrême tendresse pour ces gamins qui trouvaient dans l'amour la force de haïr, qui découvraient dans la violence un exutoire à leur passion sensuelle. Grande fut ma surprise lorsque, à cinq heures du matin, la police sonna à ma porte et fit une perquisition en règle de mon appartement. Je ne savais pas exactement ce qu'ils cherchaient et ils ne trouvèrent rien, bien sûr, mais je sus plus tard que mon nom était sur une liste des sympathisants du séparatisme. Moi qui avais toujours dit que, n'étant pas né au Québec, je ne me sentais pas le droit d'émettre une opinion sur le nationalisme ou le séparatisme (et je crois d'ailleurs ne l'avoir jamais fait), je fus finalement impliqué sans le vouloir, peut-être parce que *Shippagan* et *Évangéline* mentionnaient la déportation des Acadiens par les Anglais. À dire vrai, je n'ai jamais su au juste pourquoi des policiers étaient venus chez moi ce matin-là.

Le fait d'avoir vécu cette terrible nuit et d'y avoir été associé sans motif apparent m'incita à écrire une chanson. Peut-être que dans le fond de mon âme j'étais un nationaliste, voire un séparatiste. Si j'avais été sensible à l'immense souffrance que les Anglais firent supporter aux Acadiens en les séparant et en les déportant, pourquoi n'aurais-je pas été également sensible à l'injustice que je pouvais noter de temps en temps dans le comportement des anglophones vis-à-vis des francophones ? Je me décidai à écrire une chanson qui décrivait le problème d'un garçon dont toute la famille était séparatiste et activiste mais qui, en même temps, aimait une fille qui venait d'une famille anglophone. Comment faire coïncider l'amour avec les croyances politiques? Le sujet me paraissait intéressant. Dans cette chanson, c'est l'amour qui gagne sur la raison. Malgré cela, personne ne voulut la chanter. Je l'enregistrai moi-même en 1969 et je crois qu'aucun discjockey n'osa la faire tourner dans les postes de radio. Maintenant, je changerais le titre. Au lieu de *Celle que j'aime est anglaise*, je l'appellerais: *La nuit de la Saint-Jean*.

Et je garderais «celle que j'aime est anglaise» comme une phrase que Gilles Vigneault, le grand chantre du nationalisme québécois, aurait pu déclarer ou bien comme une phrase que le grand humoriste Yvon Deschamps, dont la femme Judi Richards est également anglophone, aurait pu écrire dans un de ses fameux monologues. Vigneault et Deschamps, piliers de la grande Révolution tranquille du Québec, ont prouvé que le cœur a des raisons que la raison ne connaît pas et que l'amour n'appartient à aucune nation. De plus, la sœur de la femme de Gilles Vigneault s'appelait Linda et faisait partie de mon groupe de danse qui apparaissait régulièrement à la télévision d'État. C'était une jeune femme très belle et très sympathique qui défraya la chronique en devenant la «blonde» de Jacques Normand, le célèbre présentateur et chanteur. C'est Linda la danseuse qui devint la protagoniste de ma chanson. Merci, Linda, de m'avoir prêté ton nom, ne serait-ce que le temps d'une chanson qui n'a jamais réellement existé.

Celle que j'aime est anglaise
(La nuit de la Saint-Jean)

Celle que j'aime est anglaise
Oui, mais mon frère est en dedans
Pour avoir brisé une chaise
Un peu trop fort sur un agent
Pendant la nuit de la Saint-Jean
Linda et moi, c'est vrai qu'on s'aime
On s'aime depuis très longtemps
Pour nous y avait pas de problèmes
Mais maintenant, c'est différent
Depuis la nuit de la Saint-Jean

    Oh! Linda, Linda
    Notre amour est mort en chantant
    Oh! Linda, Linda
    Notre amour est mort en brûlant
    Dans le grand feu de la Saint-Jean

Celle que j'aime est anglaise
Oui, mais mon cœur est québécois
Faudra-t-il que mon cœur se taise
Puisqu'il n'a même plus le droit
D'aimer celle qu'il aime tant
Nos idées n'étaient pas les mêmes
Mais ce n'était pas important
On comprend toujours ceux qu'on aime
Mais maintenant c'est différent
Depuis la nuit de la Saint-Jean

Oh! Linda, Linda
Notre amour est mort en chantant
Oh! Linda, Linda
Notre amour est mort en brûlant
Dans le grand feu de la Saint-Jean

Celle que j'aime est anglaise
Et mes amis sont en dedans
Faudra-t-il que mon cœur se taise
Ou qu'il continue comme avant
Avant la nuit de la Saint-Jean
On ne choisit pas ceux qu'on aime
On ne choisit pas ses parents
Linda, je t'aimerai quand même
Même si tout est différent
Depuis la nuit de la Saint-Jean

Oh! Linda, Linda
Notre amour vivra en chantant
Oh! Linda, Linda
Il y aura d'autres Saint-Jean
Ne m'oublie pas, moi je t'attends

Oh! Linda, Linda
Il y aura d'autres Saint-Jean
Ne m'oublie pas, moi je t'attends

Je me souviens

Il faut faire très attention à la mémoire. Elle se souvient de ce que vous voulez bien vous souvenir et elle arrange souvent à sa manière les épisodes les plus obscurs, les plus douloureux et les plus difficiles de votre vie.

Je ne croyais pas m'être impliqué autant dans la Révolution «tranquille» du Québec. Et je ne croyais pas avoir donné l'impression d'être un partisan du séparatisme alors que certains textes de chansons pourraient bien prouver le contraire. Dans le premier disque que j'ai enregistré en France avec la compagnie Columbia, j'ai retrouvé une chanson, *Je me souviens*, qui parle clairement en faveur de ces «jeunes» qui voulaient faire du Québec un pays libre. C'est curieux, au moment d'écrire ces lignes, le 28 novembre 2006, je vois à la télévision que le Canada vient de déclarer que le Québec est bien une nation. Curieuse coïncidence!

J'ai été très étonné lorsque j'ai relu ce texte car je trouve qu'il parle clairement en faveur des séparatistes et qu'il les présente sous leur jour le plus favorable. Maintenant, je comprends mieux pourquoi la police a fait irruption dans mon appartement durant la fameuse nuit de la Saint-Jean.

Que se passait-il en moi? Étais-je seulement un témoin ou bien ai-je vraiment pris parti en disant que je ne le faisais pas, en me protégeant avec le fait que je n'étais pas québécois? Je ne serais pas étonné de cette position ambiguë que j'ai souvent adoptée dans ma vie. Ce n'est pas un bon point pour moi, mais aujourd'hui, je n'ai plus peur de voir la vérité en face, et j'ai appris à ne plus me juger ni me critiquer. Les faits sont là. J'ai enregistré cette chanson, et je l'ai fait en France, à Paris. Personne jamais n'a fait allusion à cette chanson. Elle n'a jamais tourné à la radio (si c'est le cas, je ne suis pas au courant) et, surtout, elle n'a jamais été utilisée politiquement (à ma connaissance).

L'explication, c'est que je n'étais pas un auteur-compositeur suffisamment important et que d'autres, plus impliqués et plus populaires que moi, se sont chargés de véhiculer le message du nationalisme, voire du séparatisme. Mais cela me dérangerait fort si on ne reconnaissait pas ma participation à la Révolution tranquille. Je crois que j'ai droit à une place, même petite, dans l'histoire de la révolution culturelle de tout un peuple qui s'est tout à coup rendu compte qu'il avait des choses à dire et qu'il y avait des gens pour l'écouter.

Bien sûr, avec le recul, je ne peux que constater que, en prenant part à cette recherche d'identité d'un peuple soumis, c'était moi qui cherchais ma propre identité, ayant fui ma mère, la France, qui m'étouffait, pour aller vers un nouveau père, le Québec, qui m'accueillerait alors que le mien ne m'avait jamais reconnu et ne m'avait jamais donné une place dans sa vie.

Quoi qu'il en soit, je vous offre le texte de cette chanson qui s'inscrit dans un moment de l'histoire du Québec dont je fus le témoin.

Je me souviens

Je me souviens, c'était le printemps
Je me souviens, c'était au printemps

    L'hiver finissait, la glace partait
    La neige fondait, la sève éclatait
    Sous la poussée d'un pays tout entier
    Qui attendait la venue de l'été

Je me souviens, c'était le printemps
Je me souviens, c'était bien le temps

    Où tout s'éveillait, tout se transformait
    Où tout grandissait et tout renaissait
    Dans l'espoir d'un peuple longtemps prisonnier
    De pouvoir demain bâtir sa liberté

Je me souviens, ils avaient vingt ans
Je me souviens, ils n'avaient plus le temps

    D'attendre l'été, l'hiver de leur vie
    Pour être compris et vouloir ainsi
    Se faire un pays qui serait celui
    De leur aujourd'hui

Je me souviens, ils avaient vingt ans
Je me souviens, ils étaient au temps

    Où l'on peut vieillir en prison à vie
    Où l'on peut mourir et dire merci
    Et faire mourir par simple défi
    Le temps d'une bombe, le temps d'une nuit

Je me souviens, c'était le printemps
Je me souviens, ils avaient vingt ans

    Ils se sont aimés sans avoir le temps
    De parler d'amour, de parler d'été
    Ils se sont aimés comme des enfants
    Qui ne savaient pas que c'était leur printemps

Je me souviens, c'était leurs vingt ans
Je me souviens, c'était au printemps
Je me souviens, c'était le printemps

Le cantique des cantiques

Sûrement ce que j'ai écrit de plus beau durant mon séjour au Québec sur le plan littéraire.

Un jour, en relisant *Le Cantique des cantiques* de Salomon dans la Bible, l'idée me vint tout à coup que l'on pouvait, du moins sur le plan symbolique, faire une comparaison entre Israël et le Québec des années cinquante. Le peuple d'Israël se trouvait sous la domination égyptienne et le peuple du Québec, quant à lui, était placé sous la domination anglaise. On voit à quel point la recherche de ma propre identité s'est réalisée à travers la quête de la souveraineté de la moitié ou presque des Québécois (résultat du référendum de 1995) pour créer des œuvres qui me permettraient de me reconnaître.

Je crois que ce qui m'a le plus attiré dans l'écriture de cet oratorio, c'est la possibilité de faire une description du Québec d'une manière poétique en lui donnant le rôle de l'époux, et de faire de l'épouse la représentante de tout ce peuple amoureux de son pays, une épouse qui se donne entièrement à celui qu'elle aime et pour lequel elle va combattre avec ses propres armes que sont la beauté, la fidélité, l'engagement total et l'amour inconditionnel.

J'eus un extrême plaisir à transformer les descriptions de l'époux biblique lorsqu'il parle de la beauté de l'épouse et à trouver dans la beauté sauvage du Québec les attributs physiques de sa magnifique nature et de m'en servir pour louanger la beauté de l'épouse.

J'ai essayé de suivre le déroulement biblique, tout en me permettant de placer l'action dans des lieux plus modernes comme une discothèque, par exemple. L'idée était d'arriver à exprimer la recherche de la fusion totale entre l'époux et l'épouse, pour qu'à la fin ils puissent s'unir dans l'amour divin, fusionnant ainsi leur unité dans l'univers. Je mélangeais ainsi la recherche de la liberté et la fusion avec Dieu, le sacré et le divin, deux thèmes qui m'étaient (et me sont toujours) particulièrement chers. Je comprends aujourd'hui que cette fusion était le « pouvoir divin » que le pharaon et la grande épouse royale représentaient dans la grande tradition égyptienne, cette fusion-pouvoir que Bonaparte chercha à découvrir toute sa vie pour l'utiliser afin de régner. Malheureusement, Jean-François Champollion ne réussit pas à déchiffrer les hiéroglyphes sacrés avant la chute de celui qui s'était sacré empereur des Français.

Dans l'écriture de ce cantique, je n'ai pas été conscient de ce que j'écrivais et du pourquoi d'un tel acte créatif, mais l'intérêt d'une œuvre réside souvent dans l'inconscience de sa création, dans l'obligation urgente de manifester une énergie qui est en cause à l'intérieur du créateur et *qui désire se délivrer de soi en se livrant aux autres.*

J'eus la possibilité de retrouver le texte du manifeste du FLQ (Front de libération du Québec) et je l'inclui dans *Le cantique des cantiques* en guise de prologue. Le texte était lu par des voix déguisées artificiellement. Je crois que personne ne reconnut le texte. Il faut dire que les représentations de cet oratorio ne durèrent qu'une semaine.

Je ne me souviens plus très bien comment cet oratorio, une fois écrit, aboutit sur la table de travail de madame Chiriaeff, alors directrice des Grands Ballets Canadiens. J'avais déjà réalisé deux chorégraphies pour cette compagnie. Je soupçonnais madame Chiriaeff de m'engager chaque fois qu'elle devait demander des subventions au gouvernement du Québec et prouver qu'elle utilisait des chorégraphes québécois pour étayer sa demande. Mais je dois dire que j'étais, à l'époque, très méfiant de nature. Bref, en 1974, madame Chiriaeff décida de monter mon oratorio et choisit Fernand Nault comme chorégraphe. Nous n'étions pas d'accord à propos de la présentation de l'œuvre, spécialement sur le choix du décor. J'aurais aimé un dépouillement total, seulement des chaises sur une scène vide, mais la directrice imposa un décor super chargé qui paraissait dévorer tout l'espace. Même si l'oratorio ne comprend que deux personnages, l'époux et l'épouse, il fallut trouver trois épouses et trois époux parce qu'il y avait du texte dit, du texte chanté et que le tout allait être une chorégraphie. Sur la scène n'apparaîtraient que l'épouse et l'époux danseurs, et le texte et les chansons seraient exprimés par eux au travers de la chorégraphie. Louise Laprade fut la comédienne qui interpréta le rôle de l'épouse. Suzanne Stevens devint l'épouse chanteuse, Hubert Gagnon l'époux comédien et Pierre

Sénécal, l'époux chanteur. L'époux danseur fut Vincent Warren et l'épouse danseuse fut Manon Larin.

Les répétitions durèrent plusieurs semaines. De temps en temps, j'allais voir comment progressait le travail. Je crois que je me suis désintéressé du résultat avant la première, sachant que cette chorégraphie était un compromis « politique » et qu'elle ne tiendrait pas longtemps l'affiche. Il en fut ainsi. J'aurais au moins voulu qu'on imprime le texte de l'oratorio dans un petit livre. Il ne m'en reste qu'une cassette que j'ai toujours conservée. Je vois dans le présent ouvrage l'occasion de parler de cette création dont je suis vraiment très fier en espérant qu'un jour, comme ce fut le cas pour la chanson *Évangéline*, quelqu'un ait l'idée de faire revivre ce texte dont je vous offre maintenant quelques extraits.

Le cantique des cantiques

L'ÉPOUSE :

Je suis lasse et pourtant je suis belle
Filles de mon pays

Je suis lasse et pourtant je suis belle
Filles de mon pays

Comme une maison de pierre, comme une tour de pendaison
Comme une maison de pierre, comme une tour de pendaison

Ne regardez pas les cernes de mes yeux
J'ai trop passé de nuits à attendre l'amour

Ne regardez pas les cernes de mes yeux
J'ai trop passé de nuits à attendre l'amour

Des frères étrangers m'ont chassée de chez moi
Ils ont pris ma maison, ils ont changé son nom
Et ils m'ont obligée à garder leur demeure

L'ÉPOUX :

Je suis celui qui crie le nom de chaque pierre
Je suis celui qui crie le nom de chaque nom
J'écris avec mon sang ton nom sur chaque pierre
Je porte avec le temps la pierre de ton nom

Il fait si froid ici sans anges et sans femmes pour nous aimer
Il fait si noir ici sans flammes et sans rêves pour nous guider

L'ÉPOUSE :

Mon amour est sur moi, il repose
Sur mes seins, il a posé sa tête
Je porte accroché à mon cou le poids de son sommeil
Comme un médaillon de perles de couleur

    Ne réveillez pas mon amour
    Ne réveillez pas mon amour
    Ne réveillez pas mon amour
    Avant qu'il ne le veuille

Je me suis assise dans son verger
J'ai cueilli ses fruits avec ma bouche
Il a dressé son étendard entre mes mains ouvertes
Et m'a ensevelie sous le poids de l'amour
Une fièvre divine me soutient et m'exalte
Je grelotte de mots, de cris et de musique
Je vous en prie, filles de mon pays
    Je vous en prie, filles de mon pays*
Par les sarcelles et les chevreuils des bois
    Par les sarcelles et les chevreuils des bois

    Ne réveillez pas mon amour
    Ne réveillez pas mon amour
    Ne réveillez pas mon amour
    Avant qu'il ne le veuille

L'ÉPOUX :

Ah… que tu es belle, mon amour
Ah… que tu es belle
Ah… tes yeux

---

* Le texte en italique est chanté par un chœur.

Ah… sont des agates portées par la marée du matin
Ah… tes cheveux

Ah… des touffes de bleuets qui tremblent dans le vent
Ah… tes dents
Ah… sont pareilles
Ah… à la côte
Ah… qui borde
Ah… le Grand Fleuve
Ah… tes lèvres, une coulée de sable
Des plages
Maritimes

Tes joues
Deux pommes sauvages mûries à l'ombre des rochers

Ton cou
Comme un mur de pierre ceinturant la forteresse de nos ancêtres

Tu es belle, mon amour
Et blanche, comme la première neige
La solitude t'a endormie
Je ne veux plus que tu me cherches
Réveille-toi à mon désir
Car je te veux pour femme
Je ne veux plus attendre

Chacun de tes regards
Est déjà un combat
Chaque perle de ton collier
Une victoire

L'arôme de ton parfum soignera les blessures
Ta bouche sera ma bouche

Tes lèvres distilleront les mots et la musique
À faire monter dans mon cœur

Ta langue chassera ma fatigue
Je me nourrirai d'elle et je n'aurai plus jamais
Faim...

L'ÉPOUSE :

Je suis comme un jardin fermé
Aux quatre murs de ton passé
Je fais de toi le prisonnier
D'un avenir que rien ne presse
Oui, j'ai des seins comme des tours
Montant la garde nuit et jour
Sur le sommeil de notre amour
Et sur l'éveil de ma tendresse
Je suis comme un jardin fermé
Aux quatre coins de ton passé

Chansons humanistes

Un jour, un monsieur me téléphona pour me demander d'écrire une chanson qui enseignerait aux enfants que la couleur de la peau ne doit pas être une différence entre eux et qu'ils doivent accepter et aimer les autres tels qu'ils sont. Apprendre aux enfants à ne pas être racistes dès leur plus jeune âge me parut une bonne idée. Je ne me rappelle plus quelle organisation représentait cet homme. Je me souviens seulement qu'il m'avait dit : « Je m'adresse à vous parce que vous êtes un humaniste. » Cette définition flatta mon ego. S'il est question ici de prendre pour finalité le plein épanouissement de la personne, alors oui, je suis un humaniste, mais je crois qu'avant de prétendre épanouir les autres, il faut commencer par essayer d'atteindre sa propre plénitude.

Je ne me souviens que d'une phrase de cette chanson que j'ai écrite pour cette organisation :

*Nous sommes tous de la même couleur
Et cette couleur, c'est la couleur de notre cœur*

Je ne possède plus rien de cette chanson, si ce n'est cette phrase qui m'est revenue. J'ai perdu la totalité des textes et des partitions de mes chansons lors d'un déménagement. Sûrement pour que j'apprenne à ne pas m'attacher à ce que je croyais être « mes » créations !

Les colombes

J'ai connu Lise Thouin alors qu'elle étudiait le chant chez Gaétane Létourneau, une chanteuse qui a eu son moment de popularité dans les années soixante. Gaétane possédait une belle voix de contralto, se démenait pour gagner sa vie après s'être séparée de son mari et avait eu la bonne idée de créer une école de chant. Ce n'était pas *Star Académie*, certes, mais Gaétane avait du flair et savait découvrir le talent là où il se cachait encore. De Lise, je me souviens de son assurance et de ses grandes discussions avec son professeur, mais ce qui m'impressionnait le plus, c'était le fait que son ami de cœur, Jean-Claude Lord, vienne toujours la chercher après son cours. Il attendait patiemment, sans jamais dire un mot, mais il n'avait pas besoin de parler pour que l'on ressente le grand amour qu'il éprouvait pour elle. Lise commença sa carrière comme chanteuse et Jean-Claude se fit connaître comme critique de cinéma dans une chaîne privée de télévision.

Puis Lise enregistra son premier disque pendant que Jean-Claude préparait son premier film. Un scénario qui avait pour titre *Les colombes*. Le budget pour le tournage n'était pas élevé, et il n'y avait pas d'argent pour la musique. Jean-Claude fit appel à moi. Comme le thème principal du film était les enfants, j'eus l'idée d'écrire toute la trame sonore avec des instruments qui étaient des jouets d'enfants. Petit piano à queue, xylophone, mélodica, etc. Je jouais de tous les instruments, ce qui ne fut pas simple vu la grosseur de mes doigts.

Lise avait un contrat avec Capitol et je proposai à Jean-Claude d'écrire une chanson-thème qui passerait durant le générique du film. La compagnie de disques accepta d'investir dans la chanson et, comme Lise jouait le rôle principal dans le film, cela la fit connaître comme chanteuse et comme comédienne. La chanson eut un grand succès. Dans le film, la chanteuse française Françoise Hardy la fredonnait même avec sa guitare.

Comparer les enfants à des colombes en cage me plaisait. La colombe a toujours été un symbole de liberté et de pureté. L'enfant aussi.

Mais comment se comportent les parents avec leurs enfants ? Leur donnent-ils la liberté nécessaire à leur épanouissement ou bien envahissent-ils leur espace en les contrôlant et en les coupant de leur intimité et de leur essence ?

C'est le questionnement que j'exposai dans cette chanson dont le refrain, chanté par un chœur d'enfants, possède une mélodie qui se retient facilement.

La voix grave de Lise entrant après le chœur d'enfants donne à la chanson une espèce de gravité qui oblige, je crois, l'auditeur à bien écouter le message. Jean-Claude Lord devint un cinéaste connu dès son premier film. Entre-temps, il avait épousé Lise, et deux enfants sont nés plus tard de cette union. Je remercie Jean-Claude de m'avoir proposé d'écrire la musique de ses deux premiers films. L'autre s'appelait *Bingo* et pour ce film-là, il y avait au moins un petit budget pour la musique. Merci, Jean-Claude !

Les colombes

Ne dessinez plus des colombes
Sur les murs recouverts de sang
Vous qui avez perdu le monde
En essayant d'être des « grands »
Ouvrez les cages des colombes
Ouvrez le cœur de vos enfants
Ils sont le seul espoir au monde
Ils sont les seuls qui ont le temps
Les enfants

    Les enfants sont comme les colombes
    Ils n'ont pas besoin pour chanter
    De drapeau ni de liberté
    Ils chantent pour se faire aimer
    Les enfants sont comme les colombes
    Ils n'ont pas besoin pour aimer
    De discours ni de charité
    Ils rêvent qu'ils peuvent nous aimer

Ne dessinez plus des colombes
Sur les murs recouverts de sang
Vous qui avez perdu le monde
En essayant d'être des « grands »
Ouvrez les cages des colombes
Ouvrez le cœur de vos enfants
Ils sont le seul espoir au monde
Ils sont les seuls qui ont le temps
Les enfants

    Les enfants sont comme les colombes
    On les enferme avec le temps
    En leur souhaitant d'être patients
    En se disant qu'ils sont contents
    Les enfants sont comme les colombes
    On les supprime en les aimant
    On les égorge en souriant
    Pour se prouver qu'on est vivants

Ne dessinez plus des colombes
Sur les murs recouverts de sang
Vous qui avez perdu le monde
En essayant d'être des « grands »
Ouvrez les cages des colombes
Ouvrez le cœur de vos enfants
Ils sont le seul espoir au monde
Ils sont les seuls qui ont le temps
Les enfants

Bordeaux

J'ai écrit cette chanson après avoir chanté dans cette prison qui s'appelle curieusement « Bordeaux ». À ne pas confondre avec la ville française ou avec le vin du même nom. Bordeaux est une prison à sécurité maximale. Dans les années soixante-dix, l'époque où je chantais dans les églises, l'aumônier de la prison m'avait demandé de donner un concert le dimanche de Pâques. Je dis oui, mes musiciens acceptèrent également (il n'y avait pas de cachet) et nous nous présentâmes vers les onze heures du matin aux portes de la prison. Grâce à la présence de l'aumônier, on ne nous fouilla pas. Une chance! Vous saurez pourquoi ensuite!

C'est impressionnant d'entrer dans une prison à sécurité maximale. Beaucoup de prisonniers me connaissaient. J'en connaissais quelques-uns aussi, même si j'ignorais qu'ils se trouvaient là. L'aumônier avait formé une chorale qui devait chanter avec moi. Nous fîmes une rapide répétition et le directeur de la prison nous invita à déjeuner avec les membres de la chorale. Mes musiciens étaient un peu gênés. Je me demandais s'ils avaient fumé de l'herbe (ou autre chose) avant d'entrer dans la prison. Je sus plus tard que mon batteur avait passé « de quoi » à un de ses amis qui était en dedans. Une chance que je ne l'ai appris que bien après!

On nous installa dans une espèce de rotonde et je me rendis compte alors que les prisonniers seraient derrière des barreaux. Des barreaux qui entouraient cet espace rond dans lequel nous allions donner notre concert. Nous étions encerclés! Les prisonniers prirent leur place, debout derrière les barreaux, et l'aumônier nous fit entrer. Lorsque mon batteur, qui était jeune et pas mal beau, entra, il eut droit à une ovation et à toute une série de commentaires que je ne vais pas écrire ici mais qui parlaient beaucoup de la partie arrière de son anatomie. Cela nous déstabilisa un peu. Il était blanc comme un linge et mon pianiste non plus n'en menait pas large. Entre les rires et les quolibets, alors que je m'apprêtais à chanter ma première chanson, je me rendis compte qu'elle contenait les paroles suivantes : « Frappez et l'on vous ouvrira… Donnez et l'on vous donnera », etc. Il fallait être complètement fou pour chanter de telles phrases dans le contexte d'une prison. Je n'avais pas pensé à retirer cette chanson du répertoire. C'est sûr que les paroles du Christ sonnèrent comme une provocation. Les prisonniers commencèrent à taper sur les barreaux en criant : « Ouvrez, ouvrez… » Je dus interrompre la chanson. Mes musiciens me regardaient… je ne savais plus quoi faire. L'aumônier me faisait signe de continuer.

Alors, tout à coup, je décidai de passer à l'attaque. Je commençai à crier plus fort qu'eux (j'avais un micro), utilisant leur langage, et lorsque j'obtins un peu d'attention de leur part, je leur dis que nous étions venus pour eux. Que nous aurions pu rester chez nous… que nous étions venus gratis… oui, gratis… juste pour eux… pour qu'ils aient un dimanche de Pâques différent. Peu à peu, ils se calmèrent. Alors, je commençai à chanter *En ce temps-là*, l'histoire de la naissance de Jésus, et le silence vint.

Certains s'assirent par terre. D'autres restèrent accrochés aux barreaux. Ils applaudirent la chorale, ces compagnons qui étaient plus libres qu'eux puisqu'ils étaient de l'autre côté des barreaux. Et le mot *barreau* resta gravé dans ma mémoire. Bordeaux, c'était des barreaux partout. Le reste du concert se passa sans incident. Le directeur nous remercia. Nous pûmes échanger des propos avec quelques-uns des prisonniers. Mon batteur demanda s'il pouvait voir son ami (maintenant, je sais pourquoi !). Je donnai mon numéro de téléphone à un prisonnier qui allait sortir bientôt. Et nous partîmes. Pour quitter les lieux, il fallut encore franchir bon nombre de barreaux. Des barreaux partout. Le soir, avant de m'endormir, je me suis demandé quelle sorte de barreaux je m'étais créés dans ma vie. Étais-je vraiment plus libre que ces personnes ? Ou bien ma vie était-elle aussi une rotonde encerclée de barreaux nommés peurs, doutes, souffrance, douleur, rage, rancœur, amertume, impuissance… rotonde dans laquelle je me donnais en spectacle sous l'œil indifférent de l'humanité tout entière, de la même manière que l'humanité tout entière était indifférente à ces hommes qui vivaient enfermés à « Bordeaux ». La vérité, me dis-je avant de sombrer dans un sommeil libérateur, c'est que, dans notre vie, il y a des barreaux partout ! De là me vint l'inspiration pour cette chanson.

Bordeaux

J'habite une grande maison
On pourrait dire une pension
On est logés, blanchis, nourris
On a même chacun notre lit
C'est très spacieux et c'est très clair
Il y a toujours de la lumière
C'est propre et bien entretenu
Même si les murs sont un peu nus

    Bordeaux, Bordeaux
    Chez toi on calcule les jours
    Chez toi on parle pas d'amour
    Mais on en vit et on en rêve
    Je pense même qu'on en crève

    Bordeaux, Bordeaux
    Tu es la prison de mon cœur
    Tu es la prison de mon bonheur
    Et le jour où je sortirai
    Y aura-t-il quelqu'un pour m'aimer?

Bien sûr, y a des barreaux partout
Mais y en a aussi chez les fous
Moi, j'étais fou, j'croyais aimer
C'est pour ça qu'on m'a enfermé
Pis, qu'tu sois libre ou en dedans
Ben des barreaux t'en as tout le temps
Le monde ils ont tellement peur
Qu'ils en mettent autour de leur cœur

Bordeaux, Bordeaux
Chez toi on calcule les jours
Chez toi on parle pas d'amour
Mais on en vit et on en rêve
Je pense même qu'on en crève

Bordeaux, Bordeaux
Tu es la prison de mon cœur
Tu es la prison de mon bonheur
Et le jour où je sortirai
Y aura-t-il quelqu'un pour m'aimer?

Le temps c'est fait pour oublier
Pis comprendre ce que c'est qu'aimer
En attendant, moi, j'ai Johnny
C'est pas pareil, c'est pas permis
Mais quand t'as le cœur qui fait mal
Tu te fous bien de c'qui est normal
C'qui est pas normal, c'est de n'pas aimer
Le reste, c'est pour la société

Bordeaux, Bordeaux
Chez toi on calcule les jours
Chez toi on parle pas d'amour
Mais on en vit et on en rêve
Je pense même qu'on en crève

Bordeaux, Bordeaux
Tu es la prison de mon cœur
Tu es la prison de mon bonheur
Tu es la prison de mon cœur
Tu es la prison de mon bonheur
Mais le jour où je sortirai
Je sais que je pourrai aimer

La source coule

Angela Laurier a onze ans. Elle est menue, douce, flexible. Elle fait de la gymnastique artistique et, depuis un an, elle suit des cours de danse dans le studio d'expression corporelle que j'ai ouvert à Montréal. Elle est disciplinée, comprend vite, parle peu et se donne toujours entièrement à ce qu'elle fait.

Au studio, j'ai créé un groupe d'improvisation. Nous montons des spectacles que nous présentons de temps en temps à la Place des Arts. Pour un de ceux-ci, j'ai écrit deux chansons : *Tout change*, qui sera interprétée par le groupe, et *La source coule*, que je voudrais chanter.

La source coule, c'est l'histoire d'un homme qui, arrivé à ce qu'il croit être le milieu de son existence sur cette terre, se rend compte qu'il attend toujours qu'une porte s'ouvre pour lui permettre de comprendre le vrai sens de sa vie. Il découvre que, quoique nous fassions, mère Nature continue son petit bonhomme de chemin sans se soucier de nos tracas et de nos interrogations. La Vie, à travers elle, continue à être éternellement jeune et libre. La source coulera toujours et l'oiseau ne cessera jamais de chanter.

Un jour, je vois Angela dans un coin, qui suit attentivement la répétition du spectacle, et, en la regardant, j'entends soudain dans ma tête une voix d'enfant chanter le refrain de cette chanson. Je comprends alors que l'enfant représente l'éternité de la Vie face à l'homme mûr qui s'interroge sur son futur. Je pressens que la chanson prendra tout son sens si le refrain est chanté par un ou une enfant. Après la répétition, je demande à Angela :

— Sais-tu chanter ?

Elle me regarde de ses grands yeux noirs et me répond simplement :

— Non !

Je lui demande de me suivre et je l'emmène au piano. Je lui joue la mélodie du refrain de *La source coule* et je lui demande de chanter. Et le miracle se produit ! Sa voix est claire, juste, souple et la tonalité dans laquelle la chanson est écrite lui convient parfaitement.

– Veux-tu chanter avec moi ?

Elle veut bien. Avec elle, tout est facile. Plus tard, dans le spectacle *Les enfants du ciel* que nous présenterons durant tout l'été de 1977 à l'église d'Oka, j'aurai l'occasion d'admirer chez cette enfant une étonnante facilité pour danser, chanter et interpréter un texte.

Nous enregistrons la chanson. Elle plaît fort à Jean-Pierre Coallier qui commence à la faire jouer dans sa station de radio avant même qu'une maison de disques signe un contrat avec nous. La chanson devient un grand succès. À la télévision, Angela, assise en haut d'une échelle blanche, incarne l'enfant qui chante la merveilleuse simplicité, authenticité et spontanéité de la Vie. Au bas de l'échelle, je suis l'adulte qui, même s'il ne comprend pas encore le sens de sa vie, accepte de lui obéir et de se laisser guider par la sagesse de l'enfant.

Je sais qu'Angela Laurier vit actuellement en France. Elle a travaillé durant quelques années pour le Cirque du Soleil, et elle continue à se dédier à la contorsion. Finalement, c'est elle qui a ouvert la porte du spectacle à ses deux sœurs, Charlotte et Lucie, qui sont devenues des comédiennes connues. Quelle incroyable famille !

Pour moi, Angela sera toujours une merveilleuse petite fille, qui, dans sa grande sagesse, a pour un temps guidé mon âme. Merci, Angela !

La source coule

La source coule et l'oiseau chante
Les feuilles poussent au printemps
La pierre roule sur la pente
Il n'en peut pas être autrement
La source coule et l'oiseau chante
Les feuilles poussent au printemps
La pierre roule sur la pente
Il n'en peut pas être autrement

    Maintenant, je ne fais plus l'amour par plaisir
    Maintenant, je ne fais plus ma vie par désir
    Je fais l'amour par amour
    Je fais ma vie par envie
    Maintenant, je ne choisis plus, j'obéis

    Quand je pense qu'il ne me reste guère plus
    Que la moitié, peut-être, de ma vie
    Quand je sais tout ce que j'aurais dû faire si…
    Mais le passé est mort, alors tant pis et puis
    Quand je suppose ou plutôt je soupçonne que pour vieillir
    Et que ce soit joli
    Il faut au moins avoir fait quelque chose mais quoi
    Je n'en sais rien
    Du moins pas aujourd'hui, mais…

La source coule et l'oiseau chante
Les feuilles poussent au printemps
La pierre roule sur la pente
Il n'en peut pas être autrement

La source coule et l'oiseau chante
Les feuilles poussent au printemps
La pierre roule sur la pente
Il n'en peut pas être autrement

    Maintenant, je ne vous souris plus par devoir
    Maintenant, je ne vous parle plus pour savoir
    Je vous souris par amour et je vous parle par envie
    Maintenant, je ne choisis plus, j'obéis

    Et chaque jour j'attends qu'une fenêtre s'ouvre
    Sur un jardin que je n'ai pas cherché
    Et chaque jour je me dis que peut-être
    C'est aujourd'hui que ça va m'arriver
    Alors comme un aveugle devant un feu rouge
    J'attends quelqu'un qui me prendra le bras
    Et ce jour-là, ce jour-là, je l'espère
    Mais quand viendra ce jour, cela je ne sais pas, mais…

La source coule et l'oiseau chante
Les feuilles poussent au printemps
    Maintenant je fais l'amour par amour
La pierre roule sur la pente
Il n'en peut pas être autrement
    Maintenant je fais ma vie par envie
La source coule et l'oiseau chante
    Par amour
Les feuilles poussent au printemps
    Par envie
La pierre roule sur la pente
Il n'en peut pas être autrement

La source coule et l'oiseau chante
Les feuilles poussent au printemps
La pierre roule sur la pente
Il n'en peut pas être autrement
La source coule et l'oiseau chante
Les feuilles poussent au printemps
La pierre roule sur la pente
Il n'en peut pas être autrement

Les enfants de la Vie

Dans le spectacle *Les enfants du ciel*, Angela Laurier chantait une chanson qui m'avait été inspirée par *Le Prophète* de Khalil Gibran. Dans ce livre, le sage Almustafa, avant de quitter la ville d'Orphalese où il vit depuis douze ans, se dirige vers les habitants en attendant l'arrivée de son bateau.

Les habitants d'Orphalese, désolés de perdre leur Prophète, lui posent des questions. Une femme qui tient son enfant sur son sein s'approche de lui et dit :

— Maître, parle-nous des enfants.

Le thème des enfants a pris une grande importance à un moment de ma vie. Je me posais la question : Devrais-je avoir au moins un enfant? Pourquoi ce désir soudain? Mon père, un jour, alors que j'avais passé la quarantaine, m'avait raconté avoir éprouvé une grande joie lorsqu'il avait su qu'il venait d'avoir un garçon.

— Ah oui! avais-je dit, et pourquoi cette grande joie?

Il m'avait répondu :

— Parce qu'ainsi je savais que notre nom ne se perdrait pas!

Je dois dire que cet argument m'avait paru un peu insignifiant et dénué d'amour. Je sentis que, indirectement, mon père me disait qu'il espérait que j'aie des enfants pour que notre nom ne se perde pas. Pauvre papa! Je crois qu'il a beaucoup souffert de me voir condamné au célibat.

A-t-on des enfants pour perpétuer son nom de famille, pour se perpétuer soi-même, tant la mort nous fait peur? A-t-on des enfants par pur égoïsme, pour avoir quelqu'un qui s'occupera de nous lorsque nous serons vieux? A-t-on des enfants pour pouvoir exercer sur eux notre contrôle et notre pouvoir? Je trouvais dans le texte de Gibran la réponse à mes grandes interrogations. C'est la Vie qui donne les enfants, car les enfants sont les enfants de la Vie et non les nôtres.

Je conseille à tous les parents de lire ce qu'Almustafa répond à cette femme. Tous ceux qui n'ont pas lu *Le Prophète* de Khalil Gibran devraient se l'acheter. C'est un petit ouvrage qui fait partie des dix livres que j'emporterais si je devais aller vivre sur une île déserte. Il vaut l'investissement, car vous pourrez le relire tous les ans et avoir l'impression de toujours y trouver du nouveau. Le texte demeure le même, mais votre conscience se sera ouverte un peu plus et les mêmes mots auront pour vous un autre sens.

Les enfants de la Vie

Ne croyez pas que vos enfants soient vos enfants
Bien qu'ils soient avec vous, ils ne sont pas à vous
On vous les a donnés
Pour que vous les aimiez
Mais avant tout ils sont
Les enfants de la Vie

Ne croyez pas que vos enfants soient vos enfants
Venus à travers vous, ils ne sont pas de vous
On vous les a prêtés
Pour que vous les aidiez
Mais avant tout ils sont
Les enfants de la Vie

    Vous pouvez leur donner
    Amour et amitié
    Mais vous ne pouvez pas leur donner vos pensées
    Vous vivez aujourd'hui
    Mais eux vivront demain
    Ils sauront malgré vous découvrir leur chemin

Ne croyez pas que vos enfants soient vos enfants
Bien qu'ils soient avec vous, ils ne sont pas à vous
On vous les a donnés
Pour que vous les aimiez
Mais avant tout ils sont
Les enfants de la Vie

Ne croyez pas que vos enfants soient vos enfants
Venus à travers vous, ils ne sont pas de vous
On vous les a prêtés
Pour que vous les aidiez
Mais avant tout ils sont
Les enfants de la Vie

Je chante pour…

Lorsque Yva Peyret (chanteuse d'origine suisse maintenant décédée) me demanda d'écrire des chansons pour elle, un des thèmes qui retint mon attention fut : les femmes. « Je voudrais chanter pour les femmes », me dit-elle un jour. « Pour quelles femmes ? » avais-je demandé. « Pour toutes les femmes, avait-elle répondu. Pour les femmes qui pleurent, qui rient, qui ne sont pas heureuses, celles qu'on trompe, qu'on humilie… » Je lui avais dit en riant : « En fait, tu veux chanter pour toi ! » Et nous commençâmes à dresser une liste des femmes pour lesquelles elle aimerait chanter. Ce fut intéressant de faire cet exercice et de nous reconnaître dans toutes ces femmes qui nous habitent, même si nous vivons actuellement dans un corps d'homme, et surtout de reconnaître toutes les blessures que nous portons en nous et dont nous sommes, en général, totalement inconscients.

Je chante pour...

Je chante pour les femmes qui ont besoin d'aimer
Je chante pour les femmes qui veulent encore aimer
Et pour toutes ces femmes qui sont abandonnées
Je chante pour les femmes qui ne sont pas aimées

Je chante pour les femmes qui n'osent pas aimer
Je chante pour les femmes qui n'ont jamais aimé
Je chante pour les femmes qui refusent d'aimer
Je chante pour les femmes qui ont peur d'être aimées

Pour ces femmes qui trichent parce qu'elles sont trichées
Pour celles qui se soldent parce qu'elles sont ridées
Pour les femmes qui cèdent parce qu'elles sont brisées
Et celles qui marchandent pour mieux se séparer

Pour celles qui s'acharnent à vouloir posséder
Pour celles qui se vendent pour ne pas se donner
Pour celles qui se battent parce qu'elles sont libérées
Et celles qui se taisent pour ne pas partager

Pour celles qui se vengent parce qu'elles sont frustrées
Et celles qui acceptent de se laisser castrer
Pour celles qui s'éteignent à force de rêver
Et celles qui renoncent à tout recommencer

Pour les femmes qui pleurent pour une fleur coupée
Et pour celles qui meurent pour défendre une idée
Pour celles qui résistent à se faire oublier
Et celles qui s'entêtent à chercher la beauté

Pour celles qui pardonnent à la réalité
Et celles qui survivent à la fidélité
Pour celles qui décorent un cœur inhabité
Et celles qui s'inventent à force d'espérer

Je chante pour les femmes mais je pense qu'en somme
Tout ce qu'on dit aux femmes, on peut le dire aux hommes
Moi je connais des hommes qui ont besoin d'aimer
Moi je connais des hommes qui sont abandonnés

Alors

Je chante pour tous ceux qui ont besoin d'aimer
Je chante pour tous ceux qui veulent encore aimer
Je chante pour tous ceux qui n'ont jamais aimé
Je chante pour tous ceux qui refusent d'aimer

Le bien et le mal

Une autre chanson qui faisait partie du spectacle *Les enfants du ciel*. Les chansons de ce spectacle furent enregistrées grâce à l'appui de John Dufour qui, à cette époque, présidait la destinée artistique de la compagnie London à Montréal. Le spectacle fut créé à Oka au début de l'été 1977 et le disque sortit à l'automne.

Cette chanson fut également inspirée par un des chapitres du livre *Le Prophète* de Khalil Gibran dans lequel un vieillard s'approche du sage Almustafa et lui demande :

— Maître, parle-nous du bien et du mal.

Et le Prophète répond :

— Je ne peux vous parler que du bien qui est en vous, non du mal. Car le mal n'est rien d'autre que le bien torturé par sa propre faim et sa propre soif.

Une grande leçon que celle enseignée par Khalil Gibran. Dommage qu'au début du XXIe siècle la notion du bien et du mal soit encore le pilier de la morale humaine, pilier sur lequel s'appuient toutes les religions du monde. Dommage que les parents apprennent encore à leurs enfants que « ceci est bien » et que « cela est mal ».

La dualité du bien et du mal est ce qui nous empêche d'évoluer vers une unité réconciliatrice dont tous les peuples ont fortement besoin. La dualité du bien et du mal est ce qui nous sépare de nous et des autres. De nous, parce que nous pensons posséder des qualités qui représentent « le bien » et des défauts qui expriment « le mal », et comme il nous est difficile d'accepter cette dernière partie de nous-mêmes que nous n'aimons pas, nous nous en séparons, bien qu'elle continue à résider en nous. Nous faisons la même chose avec les autres, puisque nous critiquons et nous jugeons chez eux les mêmes défauts que nous condamnons chez nous. Ce qui fait qu'en plus de nous séparer de nous-mêmes, nous nous séparons des autres et nous nous retrouvons dans une solitude implacable, accusant un hypothétique Dieu ou bien nos parents, notre famille ou la société de ne pas avoir su nous aimer, nous comprendre et nous protéger.

Tout le monde veut se séparer, les tribus, les nations et les couples, au nom d'une certaine «liberté» qui n'existe que dans l'égoïsme de ne rien vouloir partager avec les autres. La séparation est le contraire de l'amour. La séparation est ce qui crée le terrorisme. Je me rends compte en relisant ces lignes que j'ai bien changé depuis l'époque où j'ai écrit *Je me souviens*. Maintenant, je suis incapable de percevoir la séparation comme une solution, qu'elle soit politique, émotionnelle ou intellectuelle, car maintenant je sais que la séparation est la grande douleur de l'être humain sur cette planète.

On pourrait peut-être se demander : Que se passera-t-il lorsque cette planète décidera de se séparer de nous ?

Le bien et le mal

C'est pas plus mal de conduire un homme à la potence
Que de tuer un chevreuil sans défense
C'est pas plus mal de s'arrêter et de n'rien faire
Que de construire des centrales nucléaires
Non, il n'est pas méchant celui qui veut gagner beaucoup d'argent pour lui
Pas plus méchant que celui qui se donne aux autres tout le temps

Certains sont faits pour tuer
    Pour tuer
Certains sont faits pour donner
    Pour donner
D'autres sont faits pour s'asseoir
    Pour s'asseoir
Et pour recevoir
    Recevoir
Où est le bien, où est le mal ?

Le mal n'existe que dans nos têtes, le mal n'existe pas
La rose fleurit quand elle est prête, la rose ça ne se force pas
Le mal, c'est c'qu'on voit chez les autres et qui ne nous ressemble pas
Ou plutôt parce que ça nous ressemble et que de l'avouer
Ça fait mal, mal, ça fait mal

C'est pas plus mal de vendre son corps que vendre des armes
C'est pas plus mal d'aimer un homme qu'aimer une femme
C'est pas plus mal d'fumer un joint, assis par terre
Que d's'en aller explorer Jupiter
Non, il n'est pas méchant celui qui vole de l'argent parce qu'il en a besoin
Pas plus méchant que celui qui en gagne en prêtant le sien

Certains sont faits pour voler
    Pour voler
Certains sont faits pour aimer
    Pour aimer
D'autres sont faits pour partir
    Pour partir
Et pour découvrir
    Pour découvrir
Où est le bien, ou est le mal ?

Le mal n'existe que dans nos têtes, le mal n'existe pas
La rose fleurit quand elle est prête, la rose ça ne se force pas
Le mal, c'est c'qu'on voit chez les autres et qui ne nous ressemble pas
Ou plutôt parce que ça nous ressemble et que de l'avouer
Ça fait mal, mal, ça fait mal

Le mal n'existe que dans nos têtes, nous l'avons inventé
Le mal, c'est le bien qui s'arrête, peut-être parce qu'il est fatigué
Nous faisons tous le même voyage mais nos chemins sont différents
Et ce qui fait notre différence
C'est que nous ne partons pas en même temps
En même temps

La vérité

De nos jours, la bisexualité est à la mode. En 1960, c'était un sujet tabou. Depuis mes dix-huit ans, j'avais vécu dans une grande confusion sur le plan de ma sexualité. Ma première expérience se déroula avec un homme et ce ne fut pas un succès. Ensuite, une danseuse m'initia à l'amour hétérosexuel et, malgré une relation de sept ans avec un homme, je restais attiré par des femmes et spécialement par les danseuses, les chanteuses et les actrices, en fait par des artistes. Plusieurs de mes amis qui étaient également bisexuels se marièrent. Pour la plupart d'entre eux, le mariage fut un terrible échec.

Enfin, à trente-sept ans, je décidai que je devais « me brancher ». La bisexualité complique beaucoup la vie de ceux qui la pratiquent ; certains ne peuvent pas vivre sans se compliquer la vie, mais ce n'est pas mon cas. J'ai cru longtemps que cette pratique sexuelle était la bonne car elle nous permettait de réaliser nos deux natures. Mais à un certain moment, j'ai senti que la bisexualité nous fait vivre dans un perpétuel mensonge. Envers soi et envers les autres. Et ce mensonge, très vite, se transforme en trahison. De plus, je soupçonnais la bisexualité de n'être, pour plusieurs, qu'une façade qui leur permet d'occulter leur homosexualité et je me posais la question pour moi-même. Mais je crois que finalement c'est la trahison, cette grande blessure que j'avais vécue avec ma mère et avec mon père, qui me poussa à me définir sexuellement.

Je partis pour Acapulco, m'enfermai dans un hôtel durant une semaine, et lorsque je revins à Montréal, j'avais choisi d'être homosexuel. Je rencontrai par la suite plusieurs jeunes femmes qui m'attirèrent énormément mais je restai fidèle à ma décision. Lorsque je fus capable de parler à mon âme, elle approuva cette résolution et me l'expliqua. L'homosexualité est le résultat du choix d'un même véhicule sexué pendant de nombreuses vies. Si par exemple nous avons vécu plusieurs vies comme femme, notre âme décidera, car c'est la loi, que nous devons connaître l'incarnation dans la matière avec un véhicule masculin. Dans cette première vie en tant qu'homme, la mémoire de nos vies passées en tant que femme nous pousse à aimer des hommes. C'est la même chose pour une âme qui s'incarne en femme après avoir vécu de nombreuses vies en tant qu'homme, et souvent en tant qu'homme de pouvoir. Il est évident que ce que l'âme vient apprendre est différent selon qu'elle a choisi un véhicule masculin ou féminin. Par exemple, porter en soi un être et le mettre au monde en lui donnant la Vie est une expérience que l'âme peut vivre seulement en s'incarnant dans un corps de femme.

Mais il existe une autre raison pour laquelle l'homosexualité peut être choisie par l'âme avant son incarnation. C'est le désir d'intégrer le plus rapidement possible ses deux natures divines, la féminine et la masculine. Il est plus facile pour un homosexuel de vivre sa double polarité que pour un hétérosexuel. En effet, les homosexuels hommes peuvent, dans une même relation, matérialiser et intégrer leur polarité féminine et masculine. Cela est moins évident dans une relation homosexuelle féminine, mais le désir de l'âme est toujours d'expérimenter et d'intégrer les deux polarités pour arriver à l'union entre l'homme et la femme. Parfaire cette unité avec soi est le but final de l'incarnation sur la planète Terre.

Les homosexuels gagneraient à s'ouvrir à la vision de leur âme et à ne plus se complaire dans la répétition des rôles hétérosexuels. Même chose pour le mariage. Je crois que le mot « union » serait plus juste que « mariage » et s'éloignerait de l'image du mariage hétérosexuel qui implique un véhicule féminin dans le couple (*mater*). Quand on a la « chance » d'être différent, je crois qu'il faut assumer cette « différence » et non pas s'en servir pour provoquer ou se justifier. Il ne s'agit pas non plus d'imiter ceux qui ne sont pas « différents ».

Je ne me souviens plus quand j'ai écrit la chanson *La vérité*. Ce n'est pas mon histoire, car je n'ai jamais été marié. Je crois que c'est un ami qui m'avait raconté combien il avait été difficile de dire la vérité à sa femme. Ou alors, j'ai peut-être inventé cette situation à partir de mes propres expériences. Je ne sais plus. Ce que j'aime dans cette chanson, c'est la dignité et l'amour dont fait preuve cet homme en disant « sa » vérité à sa femme. Je l'ai enregistrée sur mon album *Sur le sentier de la source* et, jusqu'ici, aucun chanteur ne l'a interprétée.

La vérité

Voilà, je vais te faire mal
Je vais être franc et brutal
Peut-être aurais-je dû t'écrire
Mais j'ai pour toi tant de respect
Que j'aurais l'impression de tricher
Aussi j'aime mieux te le dire
Voilà, ce soir je vais partir
Pour ne plus jamais revenir
Non, ce n'est pas un coup de tête
Non, je ne te reproche rien
Tout ce que tu fais est très bien
Tu as toujours été parfaite

  Comme c'est difficile de dire la vérité
  Comme c'est difficile d'oser dire la vérité
  Comme c'est difficile
  Comme c'est difficile
  Difficile

Je n'ai plus envie de lutter
À chaque jour pour me prouver
Que ce que je dis est sincère
Bien que ton amour soit très grand
Malgré ta force, malgré le temps
Il n'est rien que je n'aie pu faire
Pour m'arracher de cet amour
De ce désir qui, certains jours
Devenait presque de la rage
Ce désir qui me faisait peur
Il vit maintenant dans mon cœur
Il a un nom et un visage

      Comme c'est difficile de dire la vérité
      Comme c'est difficile d'oser dire la vérité
      Comme c'est difficile
      Comme c'est difficile
      Difficile

Non, je ne t'ai jamais menti
Je ne t'ai simplement rien dit
C'est une bien mauvaise excuse
Et c'est de cette lâcheté
Et de t'avoir bien mal aimée
Qu'aujourd'hui, surtout, je m'accuse
Tu veux savoir si elle est belle
Mais c'est pour « lui » et non pour « elle »
Qu'aujourd'hui, ce soir, je te quitte
C'est ça, tu as très bien compris
C'est bien d'un homme qu'il s'agit
Cet amour-là aussi existe

      Comme c'est difficile de dire la vérité
      Comme c'est difficile d'oser dire la vérité
      Surtout lorsque l'on sait très bien
      Le prix des larmes et des chagrins
      Que cette vérité exige

      Comme c'est difficile de se montrer tel que l'on est
      Comme c'est difficile de ne jamais, jamais tricher
      Comme c'est difficile
      Comme c'est difficile
      De dire la vérité

On se balancera

Comme j'aime cette chanson ! Et combien j'aime l'arrangement musical avec lequel Denis Larochelle l'a habillée ! Une chanson qui faisait partie du spectacle et de l'album *Les enfants du ciel*, et qui fut inspirée, elle aussi, par le livre de Khalil Gibran, *Le Prophète*.

Une femme s'approche du sage Almustafa et lui dit :
— Maître, parle-nous de la joie et de la tristesse.
Et le sage répond :
— Votre joie n'est rien d'autre que votre tristesse qui a enlevé son masque.

Il est évident que les paroles de ma chanson sont peu de chose si on les compare au discours du Prophète, mais j'ai fait de mon mieux pour que l'essence de son discours soit transmise dans le texte. C'était un beau moment du spectacle. Angela se balançait sur un turban de deux mètres et demi placé entre deux échelles. Ce turban avait été cousu pour moi dans la cohue incroyable du marché de Douz, dans le sud de la Tunisie. Tous les jeudis, Douz, la « porte du désert », devient un immense marché dans lequel se vendent et s'échangent chameaux, chèvres et chevaux. Dans la poussière dorée, perdu dans cette foule qui s'agitait et qui criait, se trouvait un vieux monsieur qui avait installé sa machine à coudre sur le sable. Et là fut cousu mon turban sur lequel Angela Laurier apprit à se balancer entre la joie et la tristesse, et je me sens triste parce que j'ai perdu ce turban de joie.

Et de la joie, il y en a beaucoup dans cette chanson. La tristesse était masquée par une Angela Laurier rayonnante qui se balançait sur les *la*, *la*, *la* d'un chœur de femmes. Je crois que ce spectacle a bien illustré pour moi cette dualité à laquelle nous ne pouvons échapper. Créer ce spectacle fut une grande joie. Et voir que le public ne répondait pas, une grande tristesse.

Mais une autre joie m'est venue avec ce spectacle, celle d'avoir permis à Denis Larochelle de faire découvrir son grand talent d'arrangeur et de pianiste. Les arrangements de l'album n'ont pas vieilli et j'espère que les chansons qu'il contient reverront un jour la lumière des étalages. Je sais que Denis a fait et continue de faire une grande carrière, mais je suis fier de pouvoir dire que c'est moi qui l'ai découvert alors que je cherchais des musiciens pour m'accompagner dans les églises. Il est le premier pianiste québécois, sûrement, qui peut se vanter d'avoir joué dans le chœur des églises avant de jouer « dans le cœur des gens ». Il sortait à peine du conservatoire et, avec son frère Marc, qui était guitariste, ainsi qu'un batteur et un bassiste, il fut le créateur du premier quatuor « spirituel » de l'époque. Il m'accompagna également dans l'étrange odyssée que furent nos concerts prévus dans l'église Saint-Roch à Paris. Il connut avec moi l'humiliation d'avoir à abandonner l'église escorté par la police française et le triomphe du même concert dans le grand amphithéâtre de la Sorbonne.

Au retour de notre odyssée parisienne, Monique Leyrac, qui l'avait connu lors du spectacle à l'église Saint-Roch à Paris, l'engagea pour l'accompagner dans ses récitals. À partir de ce jour-là, toutes les vedettes du Québec ont voulu travailler avec lui. Notre dernière collaboration fut *Le cantique des cantiques*, cet oratorio dont il fut l'arrangeur et le pianiste et dans lequel il sut, comme toujours, habiller mes mélodies avec un immense talent. Beaucoup de souvenirs, d'amitié et de respect me lient à cet homme que je salue en passant dans les méandres de ma mémoire. Merci, Denis !

On se balancera

Entre la joie et la tristesse
On se balance, on se balance
Entre la tristesse et la joie
Toute la vie on se balancera
Entre la joie et la tristesse
Entre la tristesse et la joie
Toute la vie on se balancera

    Moi, quand je regarde dans mon cœur
    J'y vois de la peine et du bonheur
    Plus grande est la joie et plus le chagrin sera grand
    Le chemin qui monte est égal au chemin qui descend

Entre la joie et la tristesse
On se balance, on se balance
Entre la tristesse et la joie
Toute la vie on se balancera
Entre la joie et la tristesse
Entre la tristesse et la joie
Toute la vie on se balancera

    La tristesse et la joie sont deux sœurs
    Toutes les deux partagent mon cœur
    Je mange avec l'une et l'autre couche dans mon lit
    Hiver comme été, elles sont là, jour et nuit, jour et nuit

Entre la joie et la tristesse
On se balance, on se balance
Entre la tristesse et la joie
Toute la vie on se balancera
Entre la joie et la tristesse
Entre la tristesse et la joie
Toute la vie on se balancera

On n'est pas vieux à soixante ans

Elle s'appelait Aurore et vivait près de chez moi, rue de Mentana. Son petit appartement donnait sur la rue. Elle y vivait seule et, de temps en temps, nous échangions des salutations et des paroles banales. L'été, par la fenêtre ouverte, je pouvais la voir assise dans son salon et, en passant, je lui faisais un signe de la main. Elle était assez corpulente et pas très en forme. Elle sortait rarement et recevait peu de visites.

Un jour, je la trouvai sur le pas de sa porte et elle me dit, sur un ton de confidence :

— Je viens d'avoir soixante ans... Je me sens bien vieille !

Je lui répondis aussitôt :

— On n'est pas vieux à soixante ans.

Elle sourit puis m'invita à entrer chez elle. Elle m'offrit du café et se servit une bonne rasade de whisky.

Nous fêtâmes ensemble ses soixante ans ; elle me raconta un peu sa vie et moi la mienne. J'avais la quarantaine à l'époque et mes soixante ans me paraissaient bien loin. Si j'avais su ! Je la quittai en lui répétant qu'on n'est pas vieux à soixante ans sans me douter que cette phrase allait mettre en marche le mécanisme secret qui fait qu'à n'importe quelle heure les mots commencent à frapper à la porte de ton cerveau et demandent qu'on la leur ouvre. Si ces mots se manifestent la nuit (et cela m'arrive souvent), il vaut mieux se lever tout de suite, prendre du papier et un stylo et leur souhaiter la bienvenue. Leur résister ne ferait qu'empirer les choses, car les mots qui veulent être écoutés ne te laisseront pas dormir.

Je ne sais plus combien de temps passa entre l'anniversaire d'Aurore et l'écriture de cette chanson. Ce dont je me souviens, c'est que j'étais en train d'écrire un spectacle sur les *Quatre saisons* de Vivaldi et je sus tout de suite que cette chanson serait parfaite pour la saison de l'automne. Il en fut ainsi. J'invitai Aurore à venir chez moi écouter « sa » chanson. Ce fut le commencement d'une belle amitié. Aurore ne posait jamais de questions mais semblait tout savoir sur ma vie. Je ne la questionnais jamais sur la sienne et nous trouvions tous les deux dans cette forme d'amitié la possibilité d'apaiser quelque peu notre douleur, sachant que chacun de nous comprenait la souffrance de l'autre sans avoir à la décrire.

Un jour, Aurore disparut. La porte de son appartement resta fermée pendant de longs mois. Puis s'installa une autre locataire. Je ne sus jamais ce qui s'était passé. Lorsque j'eus à mon tour soixante ans, je montai le spectacle sur Vivaldi en espagnol et je chantai la chanson d'Aurore, qui était devenue «ma» chanson. On n'est pas vieux à soixante ans, ni à soixante-dix, ni à quatre-vingts… Comme le dit la chanson : «On ne vieillit sur cette Terre que lorsqu'on ne sait plus aimer…»

On n'est pas vieux à soixante ans

Vous venez d'avoir soixante ans, vous êtes seule dans la vie
Bientôt dix ans que, sans mari, vous regardez passer le temps
Avec votre pension de veuve, sans enfants ni petits-enfants
Vous vous dites qu'à soixante ans, il faudrait être au moins grand-mère

Vous qui n'allez plus à la messe, vous qui méprisez le bon Dieu
Parce que trop de gens malheureux un jour ont cru à ses promesses
Entre l'aiguille et le tricot, le ménage et les courses à faire
Vous ne pensez plus qu'à vous taire et le soir, à vous coucher tôt

Jamais vous n'avez l'impression que vivre sert à quelque chose
Vous n'êtes pas de celles qui osent avoir encore des illusions
Vous avez dit à votre cœur de ne plus chercher à comprendre
Parce que vous pouvez tout entendre, vous ne croyez plus au bonheur

Vous passez au fil des saisons, n'ayant plus peur, n'ayant plus d'âge
En vous disant que d'être sage c'est de ne plus avoir raison
Et vous jouez avec le temps, un peu comme les immortelles
En vous répétant : « Je suis vieille, je viens d'avoir mes soixante ans »

Moi qui vous vois souvent passer sous les fenêtres de ma chambre
Je voudrais vous faire comprendre qu'on n'est pas vieux à soixante ans
Que tout encore est à refaire et tout est à recommencer
On ne vieillit sur cette Terre que lorsqu'on ne sait plus aimer

Toutes les rides bien tracées par vos souvenirs de jeunesse
N'attendent que de la tendresse pour vous refaire une beauté
Et de sourires habillée, continuez votre voyage
Et votre cœur n'aura d'autre âge que celui que vous vous donnerez

Celui qui ne sait pas aimer

Cette chanson me pose un vrai problème. Depuis quelque temps, certains de mes amis me disent : « Attention, tu fais trop de prêchi-prêcha dans tes chansons et dans tes spectacles ! » Et je suis d'accord que le prêchi-prêcha n'est pas souhaitable. S'il existe une chanson dans laquelle je « prêche », c'est bien celle-là. Or cette chanson n'arrête pas de tourner et figure tous les ans dans les listes de la SOCAN et de la SACEM. Oh! Elle ne me rapporte pas des milles ni des cents, mais elle est là. Et qui la chante? Mystère! C'est le grand mystère des droits d'auteur! On reçoit des droits en provenance de pays dont on ne soupçonne même pas qu'ils puissent avoir une société de droits d'auteur. Qui chante cette chanson sur les ondes étrangères? Qui aime entendre que *celui qui ne sait pas aimer est un pauvre et un lâche*?

À ma connaissance, seulement deux voix féminines ont chanté cette phrase : celle d'Angela Laurier dans *Les enfants du ciel* et celle de Suzanne Stevens dans son premier (et unique) disque. Et je ne crois pas que ces deux albums se soient rendus jusqu'en Albanie ou au Liechtenstein !

Est-ce que par hasard on confondrait le prêchi-prêcha avec « dire une certaine vérité » ? Je crois que oui. Je crois qu'il faut faire la différence entre « prêcher » pour convaincre et « prêcher » parce que l'on est convaincu. Bref! Je crois que je vais recommencer à prêcher, car je suis de plus en plus convaincu que celui qui ne sait pas aimer est un pauvre et un lâche. Je suis d'ailleurs le premier à reconnaître que j'ai été un pauvre et un lâche jusqu'à l'âge de soixante ans. En fait, cette chanson est un terrible portrait de ce que j'étais lorsque je l'ai écrite. Ce qui ne veut pas dire que maintenant je sais aimer et que je sais m'aimer, mais j'essaie et, parfois, j'y arrive ! Bien sûr, je reconnais à l'autre le droit de juger et de critiquer. Je ne m'en suis pas privé moi-même. Mais si mon prêchi-prêcha d'aujourd'hui dérange, il faudrait que les personnes qui se sentent dérangées se demandent pourquoi. Les choses qui nous dérangent nous renvoient toujours à nous-mêmes! Lorsqu'on parle de l'autre, en fait, on parle de soi. Bon, voilà que je recommence à faire du prêchi-prêcha! Non, ce que je dis est une grande vérité. Point! Et que ceux que ça importune aillent voir pourquoi!

Enfin! Grâce à cette chanson, je vais me donner le droit de repartir à la conquête de nouvelles «ouailles», et du haut de la tribune de mon nouveau cœur, je vais me remettre à prêcher la «bonne nouvelle». Celui qui ne sait pas aimer est un pauvre! Le saviez-vous? Et en fait, pourquoi les pauvres sont-ils pauvres? Ne vous l'êtes-vous jamais demandé?

Je pense soudain au gardien qui prétend «surveiller» les voitures que les patients ou les parents des patients de la clinique San Juan de Dios garent dans la rue. Dans cette clinique de Tenerife travaille ma cardiologue et je vais souvent la voir. Le gardien me repère lorsqu'il me voit passer et sait très bien que j'ai garé ma voiture hors de sa vue. Comme il est handicapé et «pauvre», il trouve normal de s'être approprié le poste de «gardien» à l'entrée de la clinique, poste que personne, d'ailleurs, n'a jamais songé à lui enlever. Il s'attend donc à ce que toutes les personnes qui sortent de ladite clinique lui paient un tribut. Alors, gare à sa rage et à sa langue si on l'oublie! Et quand on lui donne un peu de monnaie, il examine les pièces: si elles ne totalisent pas 1 euro, son regard, en plus de nous faire sentir égoïstes et peu charitables, nous poignarde dans le dos jusqu'à ce que nous soyons installés dans notre voiture. En fait, je ne l'ai jamais entendu dire «merci». Les pauvres seraient-ils pauvres parce qu'ils ne donnent rien? Et vous me demanderez: «Que peuvent-ils donner s'ils sont pauvres?» Et je vous répondrai qu'un jour, ma cardiologue et moi avons calculé combien pouvait gagner ce monsieur s'il recevait en moyenne 50 cents par personne. Son salaire à la fin du mois dépassait de loin celui de ma cardiologue! Alors! Et puis, on peut toujours donner quelque chose, un sourire, un merci, une fleur ramassée sur le bord de la route, etc.

Lorsque je vais à ma banque et que je croise le regard du directeur qui me connaît depuis plus de vingt ans, je vois bien qu'il me regarde comme on regarde un «pauvre». Et, à vrai dire, je le suis. Je n'ai rien qui m'appartienne, rien ni personne, mais je ne me sens vraiment pas «pauvre» ni «lâche». Avant, lorsque j'avais une voiture de sport, des meubles antiques et une collection de tableaux, oui, j'étais vraiment « pauvre » et « lâche », car je ne m'aimais pas, je n'aimais personne et je n'acceptais l'amour de personne puisque je m'en croyais indigne. Existe-t-il pauvreté et lâcheté plus grandes que le fait de ne pas aimer ?

Celui qui ne sait pas aimer

Celui qui ne sait pas aimer
Est un pauvre

Il tend son cœur et il s'étonne
Celui qui ne sait pas aimer
Qu'il ne reçoit rien de personne
Celui qui ne sait pas aimer

   Celui qui ne sait pas aimer

Il tend la main et il ordonne
Celui qui ne sait pas aimer
Qu'une autre main à lui se donne
Celui qui ne sait pas aimer

   Celui qui ne sait pas aimer

Qui songerait à ramasser
La fleur qui est déjà fanée
Alors que juste à côté d'elle
Il en est une toute nouvelle ?

   Celui qui ne sait pas aimer

Il veut qu'on l'aime à sa manière
Sans jamais rien lui demander
Aucun effort il ne doit faire
Celui qui ne sait pas aimer

Celui qui ne sait pas aimer
Est un lâche

Il veut que chacun le comprenne
Celui qui ne sait pas aimer
Mais il refuse toute chaîne
Celui qui ne sait pas aimer

Celui qui ne sait pas aimer

Il veut régner sur tous les êtres
Celui qui ne sait pas aimer
Mais il n'accepte pas de maître
Celui qui ne sait pas aimer

Celui qui ne sait pas aimer

Quel est celui qui sait le compte
De ce qui brille dans le ciel
Quel est le fou qui aurait honte
D'être tout nu devant le soleil ?

Celui qui ne sait pas aimer

Il veut s'inonder de lumière
Mais ses rideaux sont bien tirés
Il croit que seul, il peut tout faire
Celui qui ne sait pas aimer
Celui qui ne sait pas aimer

Comme un océan

Voici une autre chanson qui faisait partie du spectacle *Les enfants du ciel*. Mais celle-ci n'a pas été inspirée par un extrait du livre de Khalil Gibran *Le Prophète*. C'est l'histoire d'un homme qui cherche une explication aux problèmes de sa vie. Il est fatigué. Il voudrait être heureux. Il voudrait se réveiller le matin et savoir pourquoi il doit se lever, aller travailler, manger, boire, payer une hypothèque ou un loyer, mener sa voiture au garage, peut-être aller au restaurant avec celle qui partage sa vie ou aller faire un tour avec les enfants et, le soir, se coucher, peut-être faire l'amour et dormir en sachant que demain sera un autre jour, pareil, ou presque... et cela, chaque jour d'une existence qu'il appelle « ma vie ».

Mais il a la sensation que ce n'est pas ça, la Vie... Il a l'intuition que sa vie et « la Vie », ce n'est pas la même chose. Mais il ignore quelle est la différence entre les deux... « C'est quoi, se demande-t-il, être un homme ? C'est quoi, être un "être humain" ? »

Et l'enfant lui répond, cet enfant que nous avons tous en nous, cet enfant sage qui sait tout, qui comprend tout, mais que l'on a abandonné depuis tellement de temps que nous ne savons plus qui il est et ce qu'il fait à l'intérieur de nous... un enfant... une enfant... qui vient du ciel et qui, depuis le ciel que nous portons en nous, nous explique, nous encourage : « Tu es grand... comme un océan... le problème, c'est que tu te crois petit, c'est qu'on t'a fait croire que tu es tout petit... que ton existence est petite, alors que la Vie est immense, infinie... tu es grand... comme un océan ! »

Comme un océan

L'HOMME :

Je suis fatigué de me battre
De couper les cheveux en quatre
De me poser mille questions
De chercher des explications
Pourquoi le monde est à l'envers
Pourquoi l'été n'est pas l'hiver

L'ENFANT :

Regarde le monde d'en haut
Et tu le trouveras plus beau
Et tu le trouveras plus beau
La Terre est tellement plus belle
Quand on la regarde du ciel
Quand on la regarde du ciel

La Vie est à celui qui ose
Devenir plus grand que les choses
Que les choses
Tu seras un homme vraiment
Le jour où tu seras conscient
Que tu es grand
Oui tu es grand, tu es grand
Tu es un chêne géant
Couvert de fleurs et de vent
Perdu au milieu d'un champ
Oui, tu es grand, tu es grand
Tu es présent et vivant
Plus résistant que le temps
Tu es grand
Comme un océan

L'HOMME :

C'est vrai, pourquoi toujours se battre
Et couper les cheveux en quatre
Pourquoi poser tant de questions
Et chercher des explications
Pourquoi le monde est à l'envers
Pourquoi l'été n'est pas l'hiver

Je vois le monde d'en haut
Et je le trouve bien plus beau
Et je le trouve bien plus beau
La Terre est tellement plus belle
Quand on la regarde du ciel
Quand on la regarde du ciel

L'HOMME ET L'ENFANT :

La vie est à celui qui ose
Devenir plus grand que les choses
Que les choses

L'HOMME :

Ça m'a pris plus de soixante ans
Pour que je sois enfin conscient
Que je suis grand

L'HOMME ET L'ENFANT :

Oui je suis grand, je suis grand
    Oui tu es grand, tu es grand
Je suis un chêne géant
    Tu es un chêne géant

Couvert de fleurs et de vent
Perdu au milieu d'un champ
Oui, je suis grand, je suis grand
    Oui, tu es grand, tu es grand
Je suis présent et vivant
    Tu es présent et vivant
Plus résistant que le temps
Je suis grand
    Tu es grand
Comme un océan

Tu es grand
    Tu es grand
Vous êtes grands
    Vous êtes grands
Nous sommes grands
    Nous sommes grands
Comme un océan

Chansons d'amour et de désamour

Il est vrai que l'on écrit toujours sur ce que l'on ne connaît pas. Il m'a fallu arriver à l'âge de soixante ans pour me rendre compte que je n'avais jamais vraiment aimé et que je n'avais jamais vraiment été aimé. Pourtant, j'ai écrit beaucoup de chansons sur l'amour et sur le désamour, les deux facettes de cette « énergie » qui nous pousse vers l'autre (et qui nous fait repousser l'autre) ou qui fait que l'autre nous repousse.

Je crois que peu d'humains vivant actuellement sur la planète Terre savent réellement ce qu'est l'amour et le manifestent dans leur vie quotidienne. L'amour est liberté, respect, admiration, engagement total, don de soi. Presque rien! Mais si nous parlons beaucoup de l'amour et le chantons sous toutes ses formes, c'est parce que nous ne savons pas vraiment ce que c'est et que nous désirons le connaître, l'expérimenter et surtout le posséder. Mais rien n'est à nous sur cette Terre et personne ne nous appartient. Lorsque nous abandonnons l'idée de posséder, nous nous approchons de l'amour, et le jour où nous savons ce qu'est l'amour, nous arrêtons d'en parler, nous le vivons.

Comme le dit le proverbe bouddhiste: Si tu n'as rien d'important à dire, il vaut mieux que tu te taises. Je vous livre certaines chansons d'amour et de désamour que j'ai écrites et dans lesquelles vous pourrez découvrir cette recherche de cet amour qui toujours nous échappe parce que, justement, nous voulons « l'attraper ».

Tes vingt ans

Il est deux heures du matin. Le téléphone sonne. C'est Lucille Dumont, celle que l'on appelle, à cette époque-là, la « grande dame de la chanson française ». C'est effectivement une grande dame et sa voix merveilleuse, d'une grande étendue, se prête à tous les styles. Je l'ai connue lors des émissions de Radio-Canada dans lesquelles je travaillais comme chorégraphe. J'étais alors un auteur-compositeur débutant, mais certaines chanteuses commençaient à s'intéresser à mes compositions. Lucille était de celles-là.

Étonné d'entendre sa voix, je demande :
— Que se passe-t-il ?
Un instant d'hésitation, puis la réponse fuse :
— Je suis follement amoureuse !
Je lui réponds que je ne vois pas où est le problème, puisque tout le monde sait que sa relation avec son mari n'est pas des plus valorisantes et qu'elle a bien le droit de tomber amoureuse.
Elle m'interrompt brusquement :
— Le problème, vois-tu, c'est qu'il a vingt ans de moins que moi !
C'est moi maintenant qui reste silencieux. Elle continue :
— Le plus incroyable, c'est qu'il est totalement épris de moi. Et il est libre. Et il veut vivre avec moi, et… je suis folle, je le sais, mais je n'y peux rien… c'est plus fort que moi…
Je suggère qu'elle vive cette aventure du mieux qu'elle peut. Elle m'interrompt de nouveau :
— Tu vois, toi aussi tu crois que ce ne peut être qu'une aventure. Mais moi, je sens que c'est le grand amour de ma vie, celui dont j'ai toujours rêvé…
— Alors, vis-le… vis-le de toutes tes forces. Un grand amour ne se refuse pas pour une question d'âge.
Et elle commence un long monologue dans lequel il est question de ce que les gens vont dire, des journalistes qui vont intervenir dans sa vie privée, de la séparation d'avec son mari et puis, surtout, la grande question : « Combien de temps cet amour va-t-il durer ?

Il a trente ans et moi, cinquante. Dans combien de temps se fatiguera-t-il de moi ? Dans combien de temps rencontrera-t-il une femme de son âge avec qui il voudra fonder une famille ? » Et puis arrive la peur, la grande peur de souffrir… « Un jour, je le perdrai… La souffrance que je vais endurer sera-t-elle équivalente au bonheur que j'aurai connu ? Mon cœur saura-t-il supporter la solitude après tant d'intimité à deux ? »

Mais je sens que sa décision est déjà prise. Même si elle sait que cela ne durera qu'un temps, elle est prête à vivre cet amour et, plus tard, la peine qui en découlera inévitablement. Car elle devine que cette relation se terminera quand elle le décidera. Elle va se lancer dans la plus belle aventure de sa vie et elle saura lorsque sera venu le temps de baisser le rideau. Elle saura sortir de scène comme elle le fait si bien dans ses spectacles, avec toute la dignité d'une «grande dame».

Sa lucidité me fait mal et pourtant je l'admire, comme j'ai toujours admiré la chanteuse en elle. Mais là, c'est la femme que j'admire, la femme qui dit oui à la Vie, qui dit oui à l'Amour, prenant courageusement la totale responsabilité de son choix.

Elle me remercie de l'avoir écoutée et raccroche.

Il n'est plus question pour moi de dormir. Son histoire tourne dans ma tête. J'ai l'impression que c'est à moi que tout cela arrive. Alors vient l'impulsion. Je m'assois au piano et la chanson commence à naître, spontanément, presque d'un seul jet, paroles et musique dans un même temps.

À six heures du matin, la chanson est terminée. Son titre : *Tes vingt ans*. Je lui téléphone et je la lui chante. Je crois qu'elle pleure en silence à l'autre bout du fil. Elle dira seulement :

– Je te remercie ! Apporte-la-moi et je la chanterai chez Clairette, le mois prochain.

Chez Clairette était à l'époque un petit cabaret où se produisaient les chanteurs français et québécois. Effectivement, un mois plus tard, elle créait cette chanson et l'enregistrait ensuite. Déjà tout le monde connaissait son histoire d'amour. Ce fut un grand moment pour moi et sûrement aussi pour elle. Cette chanson l'aida à vivre pendant très longtemps cette relation passionnée ainsi que le silence qui s'ensuivit.

Maintenant, cette chanson pourrait avoir un final heureux. En effet, de nos jours, de plus en plus d'« automnes » tombent amoureux d'un « printemps », et de plus en plus de « printemps » cherchent l'amour de leur vie dans des « automnes encore jeunes » et vivent ensemble un « été » qui dure jusqu'à la fin de la vie de l'un d'eux.

Pour moi, cette chanson fut l'occasion de connaître une femme de cœur pour qui je ressens une profonde admiration, un immense respect et beaucoup d'amour. Merci, Lucille !

Tes vingt ans

Oui, j'ai vingt ans de plus que toi, pourtant je t'aime
Pourquoi faut-il que notre temps n'soit pas le même
On lit souvent dans les poèmes l'histoire de certains amants
Qui sont morts faute de temps et de tendresse
Tu as vingt ans de moins que moi, pourtant tu m'aimes
L'amour compte-t-il les printemps de ceux qui s'aiment
Les grains se sèment au printemps, l'amour se récolte à vingt ans
Il y a vingt ans que je t'attends, toi, ma jeunesse

    C'est pourquoi, mon amour, tu dors entre mes bras
    Attendant que le jour te rende au monde des vivants
    C'est pourquoi, mon amour, tu dors entre mes bras
    Mais le temps est trop court pour oublier le temps

Tu sais, j'ai reçu tes vingt ans comme un baptême
Tes mots d'amour, je m'en suis fait un diadème
J'ai tout quitté en te voyant, je n'ai pas pensé un instant
Qu'il me faudrait payer comptant pour mes promesses
Oui, j'ai vingt ans de plus que toi, pourtant on s'aime
C'est comme un thème de roman du dix-neuvième
Je suis l'automne, tu es l'printemps, y a tout l'été qui nous attend
Je veux encore me croire au temps de ma jeunesse

    C'est pourquoi, mon amour, tu dors entre mes bras
    Attendant que le jour te rende au monde des vivants
    C'est pourquoi, mon amour, tu dors entre mes bras
    Mais le temps est trop court pour oublier le temps

Oui, mon amour pour tes vingt ans, c'est un emblème
Et je crie ton nom dans le vent comme un blasphème
Tu n'es encore qu'un enfant, ai-je le droit de t'aimer tant
Je sais ce que pensent les gens de ma faiblesse
Mes cheveux gris deviendront blancs même si je t'aime
Et puis un beau jour, dans vingt ans, car si tu l'aimes
C'est une fille de vingt ans qui te posera mon problème
Alors que j'irai doucement vers la vieillesse

    C'est pourquoi, mon amour, je m'en vais maintenant
    Je te laisse dormir, toi tu as tout le temps
    C'est pourquoi, mon amour, je m'en vais maintenant
    Demain, j'aurai le temps d'oublier tes vingt ans

Dites-lui que je l'aime

Une chanson qui n'a jamais été chantée par personne d'autre que moi. Pourquoi ? Certains la disaient trop triste, d'autres, trop pessimiste. Pour ma part, j'ai une autre vision de cette chanson qui, je crois, aurait pu être écrite par Évangéline au cours de son long périple. La mélodie du refrain pourrait en faire une chanson populaire. C'est le thème, peut-être, qui pose problème à certains interprètes. Car cette chanson exprime la pleine acceptation de la perte de l'être cher et affirme que, malgré la séparation et le vide qui en résulte, l'amour est toujours présent :

> Dites-lui que je l'aime
> et que je l'aimerai toujours

Il est vrai que nous éprouvons de la difficulté à accepter que l'autre ne soit plus là, près de nous, et que nous avons tendance à associer cette perte au malheur et à l'injustice. Certains se soumettront à une soi-disant volonté divine, d'autres se révolteront contre ce « Dieu » qui abuse de son pouvoir pour les faire souffrir. Dans les deux cas, la notion d'amour échappe à ces personnes qui associent l'amour à la souffrance. *Dites-lui que je l'aime*, c'est l'assurance que, quoi qu'il arrive dans nos vies, les personnes que nous avons véritablement aimées et qui nous ont offert leur amour avec sincérité restent toujours présentes dans notre mémoire émotionnelle et dans la conscience de notre âme.

Dites-lui que je l'aime

Vous, mes amis, qui partez souvent
Vers des pays lointains que je n'ai jamais vus
Si vous voyez un jour en passant
Une fille aux yeux clairs qui marche dans la rue
Regardez-la et souriez-lui car elle est mon amie, car elle est mon amour
Ne lui dites pas que je m'ennuie d'elle
Mais si vous la voyez, mais si vous la voyez

    Dites-lui que je l'aime
    Dites-lui que je l'aime
    Dites-lui que je l'aime
    Et que je l'aimerai toujours

Et vous les vents et vous les oiseaux
Qui voyagez partout et en toute saison
Si vous rencontrez un jour près d'un ruisseau
Une fille aux yeux clairs qui ne sait plus son nom
Regardez-la et rappelez-lui qu'elle était mon amie
Qu'elle était mon amour
Ne lui dites pas que je m'ennuie d'elle
Mais si vous la voyez, mais si vous la voyez

    Dites-lui que je l'aime
    Dites-lui que je l'aime
    Dites-lui que je l'aime
    Et que je l'aimerai toujours

Depuis que je te connais

Rachel, une jeune chanteuse française, était la protégée d'André Popp, le compositeur de *L'amour est bleu*. J'avais connu André Popp lors d'un spécial télévisé réalisé par Pierre Morin : *La musique qui fait… Popp*. Je faisais la chorégraphie de cette émission. C'était l'époque où les albums instrumentaux étaient en vogue. Paul Mauriat et Michel Legrand vendaient beaucoup de disques et étaient régulièrement invités à la télévision. Je devins très copain avec André et sa femme, Marie-Jeanne. L'émission fut un grand succès et les Popp m'invitèrent en France dans leur maison de Maisons-Laffitte, près de Paris.

    L'histoire d'André est assez singulière. Il travaillait comme ingénieur des mines, mais il aimait la musique et pianotait à ses heures. Un jour, quelqu'un lui apporta un texte et lui demanda de le mettre en musique. La chanson s'appelait *Les lavandières du Portugal* et son succès fut tel qu'André décida de quitter son emploi et de devenir compositeur. Alors il fit quelque chose que je trouve absolument admirable. Il se mit à étudier la composition musicale pour être capable d'écrire ses propres arrangements, et il apprit l'orchestration, comme il me le raconta un jour, en étudiant entre autres la partition du *Boléro* de Ravel. André eut deux grands succès dans sa vie : *Les lavandières du Portugal* et *L'amour est bleu*. Entre ces deux chansons, il mena une grande carrière de compositeur et d'arrangeur.

    Lors d'une de mes visites à Maisons-Laffitte, il me présenta Rachel, qui allait faire un disque avec lui et qui cherchait des chansons. Je lui proposai *Depuis que je te connais*, une chanson que Monique Leyrac avait chantée en anglais dans une version d'Arthur Samuel dont le titre était : *Flowers, Perfume, Candy*. Rachel avait un accent méridional prononcé lorsqu'elle parlait, un peu moins lorsqu'elle chantait, mais je ne trouvais pas qu'elle avait l'étoffe d'une artiste. L'avenir me donna raison. Le disque sortit. L'arrangement qu'en fit André me plut, mais la chanson ne fut pas vraiment un succès. Ensuite, Rachel décida de venir au Québec pour tenter sa chance et je l'accueillis dans mon appartement pour quelque temps. Elle repartit en France où elle se maria.

Néanmoins, cette chanson me plaît beaucoup. Elle pose une question qui me paraît intéressante parce que je crois que tout le monde un jour se l'est posée : Ce que je ressens, est-ce de l'amour ? Et elle propose aussi une définition de l'amoureux qui sûrement pourrait aller comme un gant à plus d'une personne qui « souffre » de ce mal si doux qu'est l'amour : « Je suis muet, aveugle et sourd, je me sens nu comme un mensonge... » Et qui n'a pas dit au moins une fois dans sa vie : « Depuis que je te connais, la vie est différente... »

Bien sûr, lorsqu'on est amoureux, tout est différent !

Depuis que je te connais

Les jours me paraissent plus courts
Et les nuits pour moi se rallongent
On dirait même que les fleurs
Passent leur temps à se faner
Depuis, depuis, depuis
Depuis que je te connais

L'air que je respire est trop lourd
Et mes rêves ne sont que des songes
On dirait même que mon cœur
Passe son temps à se donner
Depuis, depuis, depuis
Depuis que je te connais

    Peut-être bien que c'est l'amour
    Ce mal si doux qui me fait vivre
    On dirait même qu'à chaque jour
    Mon cœur devient comme un navire
    Comme si tous les mots d'amour
    Voulaient me quitter pour toujours

Je suis muet, aveugle et sourd
Je me sens nu comme un mensonge
On dirait même que le bonheur
Passe son temps à m'étonner
Depuis, depuis, depuis
Depuis que je te connais

Peut-être bien que c'est l'amour
Ce mal si doux qui me fait vivre
On dirait même qu'à chaque jour
Mon cœur devient comme un navire
Comme si tous les mots d'amour
Voulaient me quitter pour toujours

Je n'ai vraiment besoin de rien
Et rien n'est trop pour me suffire
On dirait même que les tambours
Passent leur temps à résonner
Depuis, depuis, depuis
Depuis que je te connais

Y a un an aujourd'hui

C'est la chanson de la trahison. La pire des trahisons, celle qui ne parle pas, la trahison muette qui s'accompagne de lâcheté, de faiblesse et de fausseté. La trahison qui fait le plus mal parce qu'elle se cache derrière un masque. Une trahison qui ne veut pas dire son nom. Une trahison qui se cache derrière la peur de faire mal à l'autre alors qu'en fait, elle cause la plus grande douleur qui se puisse occasionner : la douleur d'être à la fois rejeté, abandonné et trahi. Une douleur humiliante et injuste, car celui ou celle qui la supporte se demande : Qu'ai-je fait pour mériter cela ?

Y a un an aujourd'hui

Je sais bien
Que depuis quelque temps

Quand tu dors dans mes bras
Tu t'en vas par instants dormir
Dans des bras inconnus
Mais je n'ai jamais pu
Découvrir le moment
Où tu me quittes lâchement
En continuant de sourire

    Ce n'était pas comme ça
    Y a un an aujourd'hui
    Y a un an on s'aimait
    Maintenant on se fuit

Je sais bien
Que depuis quelque temps

Je ne peux plus trouver
Sur ta bouche qui fuit
Ce rien qui était plus que tout
Tes yeux ne me voient plus
Ils regardent au-delà
Quelqu'un qui n'est pas là
Mais qui pourtant est entre nous

    Ce n'était pas comme ça
    Y a un an aujourd'hui
    Y a un an on s'aimait
    Maintenant on se fuit

Je sais bien
Que depuis quelque temps

Quand tu fermes les yeux
Je ne sais si c'est moi ou l'autre
Que dans tes bras tu serres
Tu maquilles en plaisir
Ce qui fut une joie
Ce bonheur déjà mort
Dont tu hésites à te défaire

Et seul
Pendant que dans mes bras
Tu me trompes déjà avec un(e) inconnu(e)
Qui compte plus que moi
Je cherche à raisonner
À comprendre pourquoi
Ce n'était pas comme ça
Y a un an aujourd'hui

Le jour où tu viendras

J'écrivis cette chanson sur le ferry qui m'amenait du Pirée à Mykonos. C'était en 1966 et j'effectuais mon premier voyage en Grèce. Moi qui ai grandi à l'ombre des héros et des dieux de la mythologie grecque, je découvris avec une grande émotion que les grands sites de l'histoire et de la culture de ce pays étaient encore presque intacts. La croisée des trois chemins où Œdipe tua son père sans savoir que s'accomplissait l'oracle dont il essayait de se sauver, eh bien, cette croisée des trois chemins existe encore. Ce sont les mêmes pierres qui bordent aujourd'hui ces chemins. Si on lit la description qui se trouve dans la première page de l'*Agamemnon* d'Eschyle, on constate que cette dernière correspond exactement à ce que l'on peut admirer depuis les murs de Mycènes. La plaine d'Argos est toujours là, devant nos yeux. À Delphes, je sentis que j'étais né de l'essence même de la culture de ce pays. Un grand bonheur m'envahit lorsque je me retrouvai devant la source Castilla. Cette eau que je pris dans mes mains, c'était la même eau qu'avaient bue Hadrien et Antinoüs, Alexandre le Grand et tant d'autres hommes célèbres de la Grèce antique qui se rendaient à Delphes pour interroger la Pythie.

On comprend, en visitant ce pays, pourquoi ses habitants ont fait de l'amour un dieu. Dans ces paysages, tout parle d'amour, que ce soit dans le Péloponnèse, dans l'Arcadie ou bien dans les nombreuses îles. Tout, montagnes, plaines, mer, nuages, ruines, cuisine et musique, tout nous dit que l'amour existe, et, devant le bleu du ciel, toujours un peu voilé comme pour cacher un secret bien gardé, on se surprend à espérer l'inespérable et à croire possible l'impossible. À Hydra, j'ai rencontré une femme sympathique. Je lui ai demandé son adresse. Elle me répondit :

– C'est facile. Tu mets : Ada, Hydra, Grèce.

Cette simplicité me parut divine. Sur le bateau, je pensai à ces dieux qui se disputaient comme des mortels, aux mortels qui se comportaient comme des dieux et je me dis : être mortel et divin à la fois, voilà ce que ce peuple, dans un moment de son histoire, a voulu nous transmettre. Mais je ne peux être à la fois divin et mortel que si je possède l'amour et si l'amour me possède. Et l'amour, c'est qui ? C'est toi ? C'est moi ?

Et lentement vint le texte de la chanson. La musique suivra à mon retour à Montréal. Cette chanson, c'est la certitude que l'amour existe, cette certitude dont nous parle Évangéline dans son dernier message. Il s'agit seulement d'avoir la patience d'attendre et la foi nécessaire pour y croire et croire en soi. Et, sur ce bateau qui m'emmenait sur une île inconnue, j'eus la sensation que toute ma vie j'avais vécu dans l'attente de l'amour. Mais cet amour à venir, n'était-il pas là depuis ma naissance ? Pourtant, j'avais été incapable de le reconnaître. Je l'avais cherché sur des centaines de visages mais j'avais oublié de me regarder.

Le jour où tu viendras

Toi, que je connais si bien
Pour t'avoir rencontré dans chacun de mes rêves
Toi, que je connais si bien
Pour t'avoir attendu tout au long de mes nuits
Toi, que je connais si bien
Pour t'avoir désiré beaucoup plus que ma vie
Quel jour choisiras-tu pour te montrer à moi ?

Peut-être un jour de pluie sur une île inconnue
Peut-être un jour d'ennui au détour d'une rue
Peut-être un jour de vent dans un jardin désert
Ou un jour de printemps ou bien un jour d'hiver ?
Peut-être un jour de froid sur une plaine blanche
Ou bien un jour de joie, un matin de dimanche
Peut-être un jour de bleus au milieu d'un soupir
Ou bien un jour trop vieux au moment de mourir

Toi, que je reconnaîtrai
Car je connais par cœur chacun de tes sourires
Toi, que je reconnaîtrai
Car je connais tes yeux couleur d'or et de mer
Toi, que je reconnaîtrai
Parce que mon cœur alors battra beaucoup plus vite
Quel jour choisiras-tu pour te montrer à moi ?

Prends ton temps, mon amour, je n'ai pas peur d'attendre
Et surtout sache bien que je ne t'oublie pas
Les moments de ma vie sont faits de ton attente
Chaque jour j'attendrai
Le jour où tu viendras

Une heure seulement

Je me souviens qu'un jour j'étais dans un grand magasin et je prenais l'escalier roulant pour me rendre au deuxième étage. Au moment où je posai le pied sur la première marche, en sens inverse quelqu'un posait également son pied sur la première marche. Nous nous vîmes dès le premier instant où ce quelqu'un commença sa descente et moi, ma montée. Nous ne nous quittâmes pas des yeux durant tout le trajet qui nous amena à la même hauteur pour à peine une seconde. L'intensité de notre regard était telle que je me sentais tout étourdi. Mon cœur battait follement.

Ce quelqu'un, c'était l'image même de l'amour, l'image rêvée tant de fois dans tant de songes éveillés. Ce quelqu'un poursuivit sa descente et je continuai ma montée. Nous nous retournâmes ensemble pour nous regarder jusqu'à la fin du trajet. Chacun arriva finalement à son étage. Nous restâmes là, à nous regarder. Pourquoi n'ai-je pas fait demi-tour et pris l'escalier de descente ? Je ne pourrai jamais répondre à cette question. Et pourquoi ce quelqu'un ne fit-il pas demi-tour pour monter jusqu'à moi ? Pourquoi savais-je qu'avec ce quelqu'un-là tout était possible et, en même temps, impossible ? Quelle est la force qui m'obligea à me retourner et à marcher dans le magasin sans rien voir d'autre que son visage ? D'où savais-je que je venais de croiser l'amour et que cet amour était impossible ?

Plus tard en Allemagne, je rencontrai un autre quelqu'un avec qui je ne pus que passer une heure. C'était la même histoire que celle du grand magasin mais en plus long. Cette fois-ci, l'amour était possible mais limité à un temps déterminé. Donc, en fin de compte, également impossible et plus dur à vivre parce qu'il y avait eu un échange. Nos corps s'étaient parlé, nos cœurs s'étaient livrés, nos bouches s'étaient bues. Pourquoi le destin (est-ce bien le destin ou notre propre création ?) s'acharne-t-il à défier notre impuissance ? Quelle leçon notre âme cherche-t-elle à apprendre de ces moments de passion intense auxquels succèdent des moments d'impuissance totale et de lancinante douleur ? Peut-être veut-on nous enseigner par là que nous ne sommes pas prêts à nous engager entièrement dans une relation ? Cela pourrait être la réponse pour moi.

Ce que j'ai retenu de ces moments, c'est que l'amour est toujours là, présent à chaque seconde de nos vies. Et que, peu importe la durée du moment où l'amour se manifeste, ce qui compte, c'est l'intensité avec laquelle on est capable d'ouvrir son cœur, son corps et son âme sans réfléchir au pourquoi, au comment et au combien. Être « dans » l'amour, plutôt que d'être « en » amour.

Une heure seulement

Une heure seulement, c'est tout ce que j'ai eu
Pour te voir, te parler, t'aimer et te quitter
À peine rencontré(e), je t'ai déjà perdu(e)
Et je n'ai pas l'espoir de te revoir jamais

Une heure seulement, c'est tout ce que j'ai eu
Pour tenir dans mes mains ton visage et ton cou
Comment étaient tes yeux, je ne m'en souviens plus
Mais je sais qu'ils parlaient et qu'ils parlaient beaucoup

Une heure seulement pour connaître ta bouche
Le temps courait si vite que je n'ai pas osé
Et pourtant je souhaitais que nos lèvres se touchent
Mais il était trop tard, même pour un baiser

Une heure seulement, une heure de silence
Où tout a été dit en nous serrant la main
Pour nous tout finissait avant que tout commence
Nous ne saurons jamais ce que c'est que demain

Une heure seulement, c'est tout ce que j'ai eu
Juste à peine le temps de connaître ton nom
Et une heure pourtant, je n'aurais jamais cru
Que ça fasse si mal et que ce soit si long

Une heure seulement, c'est tout ce que j'ai eu
Pour te voir, te parler, t'aimer et te quitter
À peine rencontré(e), je t'ai déjà perdu(e)
Et je n'ai pas l'espoir de te revoir jamais

Une heure seulement, c'est tout ce que j'ai eu
Et je n'ai plus l'espoir de te revoir jamais

Viens faire un tour

Un matin, je me lève et je me dis :
– Merde ! Je me suis perdu ! Je ne sais plus où je suis ! Je ne sais plus où je vais !

Et je me souviens alors qu'à quinze ans je parlais avec Dieu tous les jours. Je Lui parlais et Il me répondait. Je Le défiais... et Il me souriait... j'exigeais de Lui des réponses... et les réponses arrivaient.

Aujourd'hui, j'ai quarante ans, me dis-je ce matin-là, et je ne parle plus avec Dieu. Je ne me parle plus, point ! Je n'ai plus envie de me parler !

Je suis devenu un vieux « con » avec une voiture de sport, des meubles anciens et une collection de tableaux de peintres québécois. Je connais la peinture de Riopelle, de Borduas, de Rita Letendre mais moi, je ne me connais plus !

Ma vie sentimentale est un vrai désastre. Je « baise » mais je n'aime personne, surtout pas moi... À quel moment me suis-je perdu ? Je l'ignore mais, tout d'un coup, je sens qu'il me faut retrouver cette source à laquelle je m'abreuvais durant mon adolescence, assoiffé que j'étais d'amour et de tendresse.

> Soudain, je me revois, à l'âge de quinze ans
> Fier, fidèle, sauvage avec sur mon visage
> Cette lumière douce qui procure à l'enfant
> Le pouvoir merveilleux de parler aux nuages
>
> Je tendais vers le ciel mon visage limpide
> Je n'avais pas besoin de poser des questions
> Je n'avais peur de rien, ni du temps, ni du vide
> J'étais sûr de savoir, sûr que j'avais raison

Et alors je me souviens que cette source à laquelle je buvais chaque jour, c'était le « Christ ». Je relis le Nouveau Testament et je me lance dans la folle aventure d'écrire seize chansons basées sur les Évangiles mais que je replace dans le contexte de notre monde actuel. Je prends la décision d'aller chanter dans les églises. Un ancien ami se propose comme représentant auprès des curés. L'aventure commence. C'est pendant ce retour à la Source que j'écris *Viens faire un tour*. Bien sûr, c'est au Christ que je m'adresse dans cette chanson. C'est à Lui que je demande de venir faire un tour chez moi. Mais je ne chanterai jamais cette chanson dans les églises.

En 1970, on annonce à la télévision un concours de chansons nommé «La clé d'or». Le premier prix est de 5000 dollars. J'ai vendu mes meubles et mes tableaux pour m'acheter un camion, un système de son, engager un gérant et quatre musiciens, mais j'ai encore besoin d'argent. *Viens faire un tour* est la seule chanson que j'ai à ce moment-là dans mes tiroirs et qui n'a pas été chantée. Je décide donc de l'envoyer sous un pseudonyme et je demande que ce soit Renée Claude qui l'interprète. La chanson gagne, Renée Claude l'enregistre, mais Stéphane Venne, qui signe les arrangements, coupe tout un couplet lors de l'enregistrement. Le Christ est «éjecté», et *Viens faire un tour* devient une chanson profane. J'ai retrouvé dans ma mémoire la moitié de ce couplet supprimé. Vous le trouverez à la fin du texte de la chanson. Mais il faut bien que je l'avoue: c'est grâce à cette coupure que la chanson devint un énorme succès. Qui résisterait à la voix de Renée Claude qui supplie que l'on vienne faire un tour chez elle? Tous les mâles et les «moins mâles» n'attendent rien d'autre que d'avoir son adresse! Merci, Stéphane!

Mais finalement, ce «toi» qui nous manque tellement, n'est-ce pas justement le Créateur de l'unique Source qui peut apaiser notre soif d'aimer et d'être aimé? N'est-ce pas Son Amour que l'on désire recevoir à travers l'amour que l'on demande à l'autre? Si je le croyais déjà à l'époque où fut écrite cette chanson, j'en suis désormais convaincu. *Viens faire un tour* reste pour moi un immense cri d'amour… à l'Amour.

Photo de promotion de Michel Conte, à la suite de son arrivée au Québec en 1955.

Michel Conte, premier danseur au Montreal Theatre Ballet, en 1956.
Photo : André Le Coz.

Vers 1965.

Photo: Johann Kreiber.

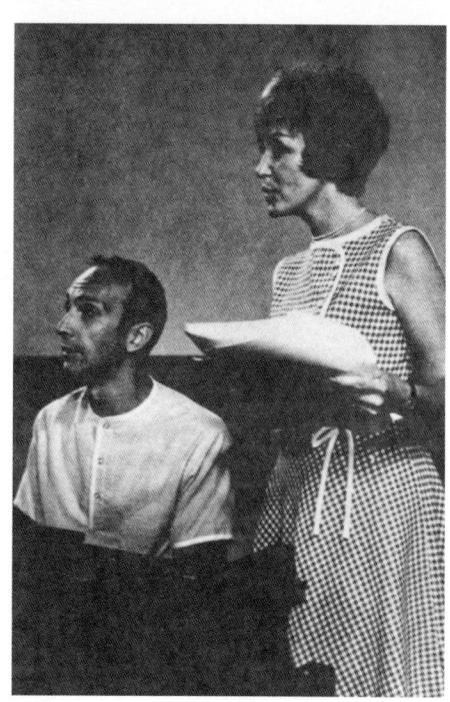

En compagnie de Lucille Dumont, la « grande dame de la chanson », en 1964.

Avec Renée Claude, lors de la remise du premier prix du concours « La clé d'or », en 1970, pour la chanson *Viens faire un tour*.

Avec Angela Laurier, sa partenaire dans la comédie musicale *Les enfants du ciel*, en 1977.

Avec Monique Leyrac à l'émission *Les beaux dimanches* («Faut voir ça»), en 1979.
Photo : Jean-Pierre Karsenty.

Michel Conte et Julie Arel, lors de la remise du premier prix au Festival international de la chanson d'Athènes, le 15 novembre 1973, pour la chanson *Kamouraska*. *Archives personnelles de Maurice Dubois.*

Avec la chanteuse Lise Thouin et l'arrangeur Yves Lapierre lors du lancement du disque *Les enfants sont comme les colombes*, en 1973. *Photo : Guy Provost.*

À l'époque du spectacle
Aimons-nous les uns les autres, en 1969.

Avec l'orchestre du spectacle *Aimons-nous les uns les autres*, en 1969. De gauche à droite : Yvan Brault (piano), André Leclerc (batterie), Michel Conte, Bill Gagnon (basse) et Serge Vallières (guitare).

Lors de l'enregistrement de l'émission *Atmosphère* («En écoutant Vivaldi»), diffusée le 11 octobre 1981 à Radio-Québec.

Viens faire un tour

Viens faire un tour
Il n'y manque simplement que toi
Viens passer quelque temps
Y a tant de temps que je t'attends

Viens faire un tour
Tu resteras le temps que tu voudras
Viens passer quelque temps
Y a trop de temps déjà que je t'attends

    J'ai bâti ma vie sur une île
    Et mon cœur me sert de maison
    Mes jours sont un jardin tranquille
    Mes amis en sont les saisons
    Tu dois connaître mon adresse
    Puisque c'est toi qui l'as choisie
    Deux rues dépassé la tendresse
    Ton nom sur la porte est écrit

Viens faire un tour
Il n'y manque simplement que toi
Viens passer quelque temps
Y a tant de temps que je t'attends

Viens faire un tour
Tu resteras le temps que tu voudras
Viens passer quelque temps
Y a trop de temps déjà que je t'attends

Viens faire un tour
Il n'y manque simplement que toi
Viens passer quelque temps
Y a tant de temps que je t'attends

Viens faire un tour
Tu resteras le temps que tu voudras
Viens passer quelque temps
Y a trop de temps déjà que je t'attends
Y a trop de temps déjà que je t'attends

Extrait du couplet supprimé :
J'ai préparé pour ta visite
Quelques poissons et quelques pains
Et si d'autres amis s'invitent
Tu te serviras de tes mains

Je ne partirai pas

Une chanson qui est en quelque sorte l'octave inférieure d'une autre chanson : *L'amour ne s'en va pas* (voir page 142). Une chanson de désamour, qui décrit la tristesse, la nostalgie et la douleur de l'absence de l'autre dans la non-acceptation de la réalité. Ce texte montre bien comment nous pouvons vivre d'illusions et ne pas vouloir entrer de plain-pied dans la réalité. Tout prétexte nous est bon pour nier la situation dans laquelle nous nous trouvons. L'autre est parti, nous savons très bien qu'il ou elle ne reviendra pas, mais nous nous acharnons à espérer. Notre orgueil blessé nous fait croire que nous n'avons pas à bouger de là où nous sommes. Après tout, c'est l'autre qui est fautif ! Il ou elle n'a qu'à revenir ! Les images poétiques amplifient la nostalgie dont sont empreints nos souvenirs en même temps qu'elles nourrissent l'espoir du retour de l'autre.

Je me souviens d'une relation qui se brisa d'une manière un peu abrupte et qui me fit tomber dans une espèce de stupeur mélangée d'angoisse. Je n'acceptais pas cette rupture, et j'allai voir mon astrologue qui m'assura que l'autre reviendrait. Elle en était certaine. J'attendis une semaine : la personne en question ne téléphona même pas. Mais mon astrologue tenait bon. « Ne vous inquiétez pas, affirmait-elle d'un ton péremptoire, cette personne reviendra ! » Et comme je ne voulais pas voir la réalité en face ni accepter la vérité que je ressentais pourtant au fond de moi, je continuais à espérer et à croire ce que me répétait mon astrologue tous les deux jours.

Au bout de plusieurs semaines, la douleur s'était estompée. Restait une blessure d'orgueil que je ne voulais pas admettre, et l'autre ne s'était toujours pas manifesté. Cette personne ne revint jamais dans ma vie. Plus tard, mon astrologue m'avoua qu'elle savait très bien qu'il en serait ainsi, mais que, en me mentant, elle m'avait permis de moins souffrir et que son mensonge m'avait aidé à accepter la situation peu à peu sans tomber dans la dépression.

Pourquoi avons-nous besoin de nous mentir pour accepter la réalité de notre vie ? Pourquoi la vérité est-elle si difficile à admettre ?

Pourquoi tenons-nous tellement à nous enchaîner ? Parce que la liberté nous fait peur ! Parce que l'amour nous fait peur ! Parce que nous ne voulons pas apprendre qu'aimer c'est être libre et donner à l'autre sa liberté !

Je ne partirai pas

Si tu étais là
Le soleil qui brille brillerait deux fois plus fort
Si tu étais là
Malgré les nuages il brillerait encore

Si tu étais là… mais tu n'es pas là

Si tu étais là
Les chevaux des manèges viendraient manger dans tes mains
Et la plage déserte
Se repeuplerait d'un seul de tes regards

Mais il est trop tard… car tu n'es pas là

Mes jours se succèdent au rythme de l'espoir
De te voir malgré tout revenir
Mes nuits sont peuplées
De tous les rêves d'avenir
Qui se sont écroulés
Sans savoir pourquoi

Si tu étais là
Le parfum des fleurs ne serait qu'un parfum perdu
Il n'y aurait de pluie
Que celle des étoiles retombant dans tes yeux

Mais aujourd'hui il pleut… car tu n'es pas là

Sache que désormais je ne partirai pas
Je vais t'attendre là chaque jour de ma vie
Devant cet océan qui roule et qui déroule
Les vagues de l'ennui
Je ne peux plus partir
Car tu es du voyage
Chaque fois que mon cœur
Veut changer de rivage

Mon amour, reviens-moi
Tu sais bien que sans toi
Ce voyage ne peut finir
Ne m'oblige donc pas
À m'en aller tout seul
Sans pouvoir revenir

Je ne partirai pas
Tant que tu ne seras pas là

Je ne partirai pas
Tant que tu ne seras pas là

Point zéro

Une chanson écrite sur mesure pour Yva Peyret, cette chanteuse semi-professionnelle (maintenant décédée) qui désirait faire un disque et dont j'ai parlé dans le chapitre des chansons humanistes à propos de *Je chante pour...* (voir page 77). Son mari était un très grand éditeur suisse et cette chanteuse, après l'échec de son disque et du spectacle qui le suivit, devint elle-même éditrice. En 1984, elle publia mon roman *Les bergers* écrit à Tenerife. Néanmoins, je crois que *Point zéro* est une belle chanson et plus d'un couple d'un certain âge pourrait s'y reconnaître. Quelques années auparavant, j'avais écrit le poème *On ne sait plus dire «je t'aime»* qui disait :

> Vingt ans déjà que l'on partage
> Chaque minute de nos vies
> Mais c'est lorsque l'amour vieillit
> Qu'il faut en parler davantage !

C'est le même thème que je repris dans cette chanson mais en le traitant plus profondément. Il y est question d'une relation entre un homme et une femme, qui, après vingt ans d'union, ne savent plus pourquoi l'amour est mort. Ce que j'aime de cette chanson, c'est qu'après toute l'explication de ce « néant » qu'est devenue leur relation, il reste chez cette femme (ou chez cet homme) l'envie de faire revivre l'amour et l'espoir que cette résurrection soit possible.

Point zéro

Vingt ans déjà que nous jouons
Tous les deux dans la même pièce
Sans joies et sans désillusions
Juste avec un peu de tendresse

Vingt ans déjà que l'on échange
Des dialogues appris par cœur
Avec des sentiments étranges
Qui parfois ressemblent au bonheur

Vingt ans déjà que sans orages
Nous rêvons des mêmes nuages
Tout en regardant le plafond

Vingt ans déjà que sans entracte
Sans marchandages et sans passion
Nous resignons le même pacte
À chaque retour des saisons

> Je pose 2, tu retiens 2
> À quoi servirait de se battre
> 2 et 2 ne font jamais 4
> Lorsqu'on ne sait plus être heureux

Vingt ans déjà que nous prenons
Le sommeil dans la même chambre
Comme on prend le thé au salon
Un après-midi de décembre

Vingt ans déjà que l'on s'oblige
À faire l'amour malgré tout
Ce n'est pas que le cœur l'exige
Mais le corps qui en a le goût

Vingt ans déjà que, sans partage
Nous rêvons des mêmes images
En face de la télévision

Vingt ans déjà que nous jouons
Tous les deux dans la même pièce
Sans joies et sans désillusions
Juste avec un peu de tristesse

  Je pose 2, tu retiens 2
  À quoi servirait de se battre
  2 et 2 ne font jamais 4
  Lorsqu'on ne sait plus être heureux

Mais malgré tout, j'ai l'impression
Que nous pourrions changer l'histoire
Et trouver une autre façon
D'effacer nos blancs de mémoire

Changer quelques répliques à peine
Modifier notre décor
Créer une autre mise en scène
Et l'amour renaîtrait plus fort

Abandonner ce grand théâtre
Tous nos faux sentiments de plâtre
Et partir ensemble en tournée

Pour débuter dans une pièce
Totalement improvisée
Où l'un et l'autre, sans faiblesses
Accepterait enfin d'aimer

  Je pose 2, tu retiens 2
  Peut-être faudra-t-il se battre
  Pour que 2 et 2 fassent 4
  Et qu'enfin nous soyons heureux

Le soir du dernier jour

Lorsque je réécoute cette chanson, je suis toujours séduit par la très belle mélodie écrite par le compositeur Renalo Cherri, par la magnifique interprétation qu'en a faite Christine Chartrand et le très bel arrangement de Georges Tremblay qui était son mari à l'époque. Georges est le frère de Rod. Ce dernier est décédé aujourd'hui, mais il était lui aussi pianiste et arrangeur. Autant Rod Tremblay prenait de la place, autant son frère était modeste et bienveillant. Je crois que Christine et son mari formaient un couple très uni, c'est du moins l'impression que j'en avais lorsque je les voyais ensemble et cela me plaisait.

Je viens d'apprendre que Georges et Christine se sont séparés depuis. Alors il est évident que ce que nous ressentons chez les autres, c'est ce que nous portons en nous.

Je regrette que Christine n'ait pas chanté certaines de mes chansons, car dans *Le soir du dernier jour*, je n'ai fait que mettre des mots sur une mélodie anglaise. Je me souviens très bien de la circonstance dans laquelle fut écrit ce texte. Christine m'appelle, elle m'explique que celui qui aurait dû écrire le texte français n'a pas pu le faire, qu'elle est en studio en train d'enregistrer son album et qu'elle a besoin du texte en question pour le lendemain. Si elle me fait parvenir le disque anglais dans l'heure qui suit, est-ce que je pourrais écrire le texte ? me demande-t-elle. Qui peut dire non à quelqu'un comme Christine, qui est la gentillesse même ? J'ai accepté.

J'avais appris avec le temps que tout est déjà écrit. Il suffit de se relaxer et de dire : « S'il te plaît, donne-moi les mots. » Et les mots viennent. C'est lorsque mon ego a essayé de me faire croire que c'était moi (ou plutôt lui) le « patron » que tout s'est toujours compliqué dans ma vie. J'ai donc écouté cette mélodie plusieurs fois de suite, je l'ai laissée entrer en moi et lui ai demandé ce qu'elle voulait exprimer, puis les mots sont venus tout seuls. Je crois qu'ils se sont sentis chez eux dans la voix de Christine et qu'elle a su les faire siens. Je la voyais très bien, attendant le soir du dernier jour, serrée dans les bras de son mari, le regardant sans aucune crainte dans les yeux parce que, dans son cœur, elle savait très bien que «l'amour est plus fort que la mort»!

En relisant ce texte, je crois entendre une voix me dire: «Au moment où certains nous annoncent que décembre 2012 marquera la fin d'une ère sur cette planète, ne trouves-tu pas qu'il y a quelque chose de prophétique dans les paroles de cette chanson?» Prophétie ou non, que le calendrier maya se termine en 2012 ou bien que cette information soit manipulée par ceux qui savent comment utiliser la peur pour continuer à gouverner, il est évident qu'une phrase de cette chanson est d'actualité: «Nous devons nous presser de retrouver l'amour.» Ne croyez-vous pas?

Le soir du dernier jour

Si Dieu s'est reposé
Le soir du dernier jour
C'est qu'il voulait dans le silence
Créer l'amour

Nous n'avions pas compris
Nous faisions trop de bruit
Et aujourd'hui nous n'avons plus
Beaucoup de temps

Nous devons nous presser
De retrouver l'amour
Avant que tombe enfin
Le soir du dernier jour

Serre-moi dans tes bras
Non, je ne tremble pas
L'amour est plus fort que la mort
Mon amour

Quand tout deviendra noir
Quand tout deviendra lourd
Quand tombera sur nous
Le soir du dernier jour

Pareils à des enfants
Venus du fond des temps
Tout en chantant
Nous retournerons vers la vie

Nous n'aurons plus jamais
Ni présent ni passé
Nous vivrons pour toujours
Le soir du dernier jour

Serre-moi dans tes bras
Non, je ne tremble pas
Voilà le soir du dernier jour
Mon amour

L'amour ne s'en va pas

C'est peut-être, après *Évangéline*, une des plus belles chansons que j'ai écrites. Je ne me rappelle plus dans quelle circonstance elle vint au monde, sûrement après une de ces ruptures brutales que j'ai provoquées souvent dans ma vie. Ce dont je me souviens, par contre, c'est de l'arrivée surprenante de Suzanne Stevens dans le panorama musical du Québec. Secrétaire dans une entreprise, elle aimait chanter et tout le monde lui disait qu'elle avait une belle voix. Elle se décida un jour à passer les auditions de Radio-Canada.

Si *Star Académie* avait existé à l'époque, elle y aurait sûrement gagné. Les auditions de Radio-Canada se passaient dans un studio de radio. Les membres du jury étaient derrière la vitre de la cabine du son, et elle, elle était là, toute seule, dans cet immense studio vide et froid. Je le sais car j'en ai moi-même fait l'expérience lors de mon arrivée au Québec, lorsque j'ai voulu me faire connaître dans le monde de la télévision. Le plus amusant, c'est que quinze ans plus tard je faisais partie du jury qui sélectionnait des candidats.

Bref, Suzanne passa les auditions et la qualité de sa voix impressionna tant le jury qu'un mois plus tard elle était invitée à l'émission de variétés du dimanche soir à Radio-Canada. C'est là que je l'ai connue. Belle, timide (c'était un Cancer comme moi) mais en même temps d'un grand courage, elle entreprit sa nouvelle vie avec dévotion. Elle se fit vite reconnaître dans le milieu et se retrouva quelques mois plus tard en première partie du spectacle de Robert Charlebois à la Place des Arts. Entre-temps, je lui avais donné *L'amour ne s'en va pas*, elle l'avait enregistrée et en avait fait une superbe version avec un magnifique arrangement musical de Claude Denjean, un orchestrateur français qui venait de s'installer au Québec. J'utilisai sa voix dans l'enregistrement de la musique du *Cantique des cantiques*, un oratorio que j'avais écrit pour les Grands Ballets Canadiens (voir page 50). Jamais une carrière n'avait commencé si vite, et jamais non plus une carrière se termina si rapidement.

Le soir de la première de Charlebois à la Place des Arts, ce fut une Suzanne Stevens nerveuse, mal dans sa peau, qui entra sur scène. Que se passait-il dans sa vie privée? Elle était très discrète sur le sujet. Au cours de mes années passées dans le monde de la chanson, j'ai observé plusieurs fois la fragilité de la carrière des chanteuses. D'abord, elles dépendent de leur répertoire, et ensuite, de l'homme qui est dans leur vie et de la relation qu'elles entretiennent avec lui. Si pour chaque homme qui réussit on dit: «Cherchez la femme», je crois que, pour chaque chanteuse qui connaît le succès, on pourrait dire: «Cherchez l'homme!» (Il n'y a qu'à penser à Céline Dion.) Rares sont les chanteuses qui ont su mener leur carrière en sachant séparer leur vie privée de leur vie professionnelle. (Monique Leyrac, Ginette Reno?)

La prestation de Suzanne Stevens en première partie de Robert Charlebois fut des plus médiocres. Le Tout-Montréal était là. Je me sentais mal pour elle, bien que son interprétation de *L'amour ne s'en va pas* lui valût une belle ovation. Connaissait-elle dans sa vie privée la même situation que dans la chanson? Il y a parfois des coïncidences qui font mal. Je dois dire que l'idée ne me vint pas ce soir-là qu'elle pouvait traverser une mauvaise période. Dans sa loge, je lui fis des reproches et je dois avouer que, comme très souvent, j'ai manqué de tact et de compréhension. Je me suis rendu compte que je l'avais blessée alors qu'elle devait l'être déjà beaucoup. Si je me souviens si bien de ce moment, c'est sans doute parce que sa blessure me reflétait la mienne, mais à cette époque-là, je n'avais pas conscience du mal que je faisais aux autres, sans doute pour m'éviter d'avoir mal moi-même.

Alors je profite de cette occasion pour dire à Suzanne Stevens: «Suzanne, pardonne-moi! Je t'ai beaucoup aimée et admirée et je n'ai pas su te le montrer. Merci d'avoir chanté *L'amour ne s'en va pas* et merci de m'avoir permis avec le temps de comprendre le sens profond de cette chanson.»

En effet, l'amour jamais ne pourra s'en aller car il EST et sera éternellement présent.

L'amour ne s'en va pas

Ne me demande pas de t'oublier si vite
Car l'amour qui m'habite
Ne veut pas oublier
Ne veut pas oublier

Ne me demande pas de partir en voyage
Et de tourner la page
L'amour ne s'en va pas
L'amour ne s'en va pas

Il reste dans nos cœurs
Et l'espoir le nourrit
Et quand l'espoir est mort
Il vit de souvenirs
Il s'accroche, il nous tient
Il ne veut pas mourir, mourir

On ne peut pas lui dire
Il faudrait que tu changes
Va-t'en, tu me déranges
L'amour ne s'en va pas
L'amour ne s'en va pas

Il reste dans nos corps
Et la vie le nourrit
Et quand le corps est mort
Il vit d'une autre vie
Il nous suit, il nous lie
Il ne peut pas mourir, mourir

Ce n'est pas un mendiant
Ce n'est pas une bête
L'amour, c'est une quête
Où il faut tout donner
Jusqu'à l'Éternité

Ne me demande pas de t'oublier si vite
Car l'amour qui m'habite
Ne veut pas oublier, ne veut pas oublier

Ne me demande pas de boucler mes bagages
Et de tourner la page
Je ne partirai pas
L'amour ne s'en va pas

Non, je ne t'aime pas… je t'aime

Cette chanson fait partie de l'oratorio *Le cantique des cantiques* (voir page 50). C'est la chanson que l'Époux chante à l'Épouse lorsqu'il lui déclare son amour. Lorsque l'on dit «je t'aime» à quelqu'un, que veut-on dire exactement? Les Espagnols ont deux mots pour exprimer ce «je t'aime»: «*te quiero*», qui veut dire littéralement «je te veux», et «*te amo*», qui veut dire «je t'aime». Est-ce que mon «je t'aime» signifie «je te désire, je veux que tu sois à moi»? Est-il limité dans le temps, exclusif, possessif? Provient-il du corps, du cœur, ou provient-il de l'âme, c'est-à-dire qu'il est illimité, permanent, et signifie que tu ne m'appartiens pas, que tu es libre de partir quand tu veux?

Sait-on vraiment qui parle lorsque l'on dit «je t'aime»? Notre ego, fier de posséder l'autre, notre cœur, heureux de ne plus être seul, ou bien notre âme, qui exulte à reconnaître dans l'autre son propre «soi»?

Ce texte fut un essai pour exprimer cet amour de l'âme qui parle à travers le cœur et agit à travers les gestes du corps. Je crois que j'ai mieux défini cet amour de l'âme dans la chanson *Entre toi et moi* que vous trouverez dans la section «Chansons de l'âme». Sous le titre *Non, je ne t'aime pas… je t'aime*, j'ai utilisé la négation suivie de l'affirmation, afin de bien établir que la négation exprime l'amour exclusif de l'ego et du corps, alors que l'affirmation manifeste l'amour du cœur et de l'âme.

Non, je ne t'aime pas... je t'aime

Non, je ne t'aime pas... je t'aime
Je peux serrer entre mes bras
Un corps qui vit, un corps qui bat
Qui obéit du bout des doigts
Chaque fois que je le caresse

Nous pouvons nous donner la main
Dormir et rire côte à côte
Et regarder nos yeux sans honte
Comme on regarde un autre monde
Qui tout entier nous appartient

Et quand d'une voix trop fragile
Tu me demandes si je t'aime
Je te réponds... non... non

Non, je ne t'aime pas... je t'aime
Mais pas comme on aime
Mais comme on n'aime pas
Mais comme on n'aime plus

Non, non, non
Non, je ne t'aime pas... je t'aime
Mais pas comme on aime
Quand on parle d'amour
Quand on compte les jours

C'est plus fort, c'est plus terrible
C'est plus doux et c'est plus grand
C'est plus calme et c'est plus vaste
C'est plus tendre et plus violent

Non, non, je ne t'aime pas… je t'aime
Non, je ne t'aime pas… je t'aime
Non, je ne t'aime pas… je t'aime

L'amour, c'est...

Une chanson qui faisait partie du spectacle *Les enfants du ciel*. Comme je l'ai déjà mentionné, une grande partie de ce spectacle avait été inspirée par la lecture du *Prophète* de Khalil Gibran. Cette chanson est un résumé bien court de ce que dit le Prophète lorsque les habitants du village qu'il va quitter lui demandent : « Maître, parle-nous de l'amour. » Qu'est-ce que l'amour ? Une grande question pour laquelle chacun de nous a une réponse qui lui est propre. Au fur à mesure que notre niveau de conscience évolue, notre conception de l'amour change. Par la bouche d'Angela, la petite fille qui représentait la sagesse intérieure, le maître parlait, ce maître que nous avons tous à l'intérieur de nous, ce maître que nous pouvons entendre si nous savons faire le silence dans notre tête et si nous ouvrons toute grande la porte de notre cœur. *L'amour, c'est...*

L'amour, c'est...

L'amour, c'est se prendre la main
Pour aller faire un bout de chemin
L'amour, c'est être tout près, tout en étant loin
L'amour, c'est se prendre la main

L'amour, c'est allumer un feu
Pour s'éclairer, se connaître mieux
L'amour, c'est être tout seul tout en étant deux
L'amour, c'est allumer un feu

L'amour, c'est quitter sa maison
Pour aller vivre un autre horizon
L'amour, c'est oublier son corps, oublier son nom
L'amour, c'est quitter sa maison

L'amour, c'est bâtir un désert
C'est faire pousser des fleurs en hiver
L'amour, c'est être à la fois
Le sable et la mer
L'amour, c'est bâtir un désert

L'amour, c'est quitter sa maison
    C'est quitter sa maison
Pour aller vivre un autre horizon
    Pour aller vivre un autre horizon
L'amour, c'est oublier son corps, oublier son nom
    Oublier son nom
L'amour, c'est quitter sa maison

L'amour, c'est allumer un feu
    C'est allumer un feu
Pour s'éclairer, se connaître mieux
    S'éclairer, se connaître mieux
L'amour, c'est être tout seul tout en étant deux
    Tout en étant deux
L'amour, c'est allumer un feu

L'amour, c'est se prendre la main
    C'est se prendre la main
Pour aller faire un bout de chemin
    Pour aller faire un bout de chemin
L'amour, c'est être tout près, tout en étant loin
    Tout en étant loin
L'amour, c'est se prendre la main

Rien qu'un sourire

Un texte écrit spécialement pour Monique Leyrac sur la mélodie du deuxième mouvement de la *Septième symphonie* de Beethoven. J'ai toujours beaucoup aimé cet allegretto qui, disaient certains, était un hymne à la danse. Je me reconnaissais plus dans la critique que Hector Berlioz avait faite de cette symphonie, du temps où il était critique musical dans un journal de Paris :

« L'allegretto commence par une mélodieuse plainte… des pleurs, des sanglots, des supplications, l'expression d'une douleur sans borne… et puis une lueur d'espoir vient de naître. À ces accents déchirants succède une vaporeuse mélodie, pure, simple, douce, triste et résignée, comme la patience souriant à la douleur. »

« Comme la patience souriant à la douleur ! » Cette phrase résonne en moi comme un écho lointain. Mais je ne suis pas patient, Beethoven ne l'était pas non plus, et alors tout d'un coup la patience éclate en mille morceaux, et surgit la révolte, la guerre sournoise entre le cœur meurtri et la froide raison. Ensuite, lentement, apparaît l'impuissance de l'âme, l'abandon total de la plus minime espérance… et la douleur, comme toujours, finit par gagner cette bataille de l'être, victoire amère et douce à la fois, et qui parfois se confond avec la délicatesse de l'amour.

Comme je me retrouvais dans cet allegretto ! Un jour, Monique Leyrac m'annonça qu'elle allait donner un récital dans la grande salle de la Place des Arts, accompagnée par l'Orchestre symphonique de Montréal (OSM). Je crois que c'est la première fois que l'OSM se « popularisait ». Monique avait décidé que toutes les chansons qu'elle allait interpréter seraient écrites sur des mélodies appartenant au grand répertoire de la musique classique. « Peux-tu m'écrire une chanson ? » me demanda-t-elle. Et je sus tout de suite que j'écrirais un texte sur cet allegretto de Beethoven. Elle avait fait la même demande à plusieurs auteurs et je me souviens entre autres du thème de *La Moldau*, de Smetana, sur lequel Luc Plamondon avait mis des paroles. Dans cette *Moldau* québécoise, Monique atteignait un des grands sommets de l'interprétation vocale qu'une chanteuse de chansons populaires pouvait espérer atteindre.

Je me souviens très bien que ce soir-là des problèmes avec l'Union des musiciens avaient créé un climat extrêmement tendu lors des répétitions. Les orchestres symphoniques sont aussi régis par un syndicat capable de causer de grandes difficultés pendant les répétitions et d'entraîner de violentes réactions de la part des chefs d'orchestre invités. J'avais vu Monique juste avant son entrée en scène et je l'avais sentie extrêmement nerveuse. En fait, elle était dans une colère noire contre les musiciens qui risquaient de lui gâcher cette soirée qui s'annonçait unique. Mais, finalement, le conflit se régla, et, malgré toutes les émotions négatives qu'elle avait vécues pendant la journée, Monique donna le meilleur d'elle-même.

Durant toutes les années où j'ai travaillé avec cette femme, soit comme chorégraphe, soit comme auteur-compositeur, j'ai ressenti en de multiples occasions une admiration sans bornes pour elle, mais c'est peut-être ce soir-là que je l'ai le plus admirée, une admiration mêlée sans doute d'un peu de jalousie. Comment fait-elle pour être si sûre d'elle? Où prend-elle cette force qui lui permet de dominer toutes les épreuves et de sortir victorieuse de toutes ses batailles, même les plus intimes? Pourquoi ne suis-je pas comme elle?

Il faut dire que ce soir-là Monique avait trouvé un environnement sonore à la hauteur de sa voix. Quatre-vingt-cinq musiciens, des arrangements fabuleux, des mélodies créées par les plus grands musiciens du monde. Seuls les textes pouvaient ne pas être à la hauteur de l'ensemble; je crois que c'est difficile de mettre des paroles sur des musiques qui n'en ont pas besoin car elles « parlent » directement au cœur et à l'âme de ceux qui les écoutent.

Rien qu'un sourire... Je n'avais pas écouté cette chanson depuis des années et lorsque je l'ai fait, j'ai trouvé que le texte était moins mauvais que dans mon souvenir. Mais le plus important, c'est que son écoute m'a transporté directement lors de cette soirée mémorable dans laquelle nous fûmes tous suspendus à la voix de cette incroyable artiste qu'est Monique Leyrac, hypnotisés par son corps, ses mouvements, ses paroles et son incomparable talent.

Cette chanson me ramène également à cette patience souriante, à cette douleur résignée et à cette espérance sans illusions que fut le thème musical de ma vie durant pas mal d'années. Je croyais devoir m'excuser auprès du grand Ludwig pour avoir osé mettre sur sa musique des paroles qui me semblaient insignifiantes. Je pense que je vais plutôt le remercier de m'avoir permis de le faire. « Rien qu'un sourire… pour tout donner… » Merci, Ludwig !

Rien qu'un sourire

Rien qu'un sourire
Et tout est bien
Rien qu'un sourire
Rien que ta main
Rien d'autre à vivre
Rien pour toujours
Rien qu'un sourire
Rien que l'amour

Rien qu'un sourire
Pour tout donner
Rien d'autre à dire
Rien qu'à s'aimer
Rien d'autre à suivre
Rein qu'un destin
Rien qu'un sourire
Rien qu'un chemin

    Demain la joie
    Demain l'espoir
    Demain la vie, demain
    Demain aimer
    Demain donner
    Demain un autre jour, demain
    Pareil à notre amour

Rien qu'un sourire
Je resterai
Rien qu'un sourire
Je t'aimerai
Rien qu'un sourire
Rien que ta main
Je pourrai vivre
Jusqu'à demain

Rien qu'un sourire
Et tout est bien
Rien qu'un sourire
Rien que ta main
Rien d'autre à vivre
Rien pour toujours
Rien qu'un sourire
Rien que l'amour
Rien d'autre à vivre
Rien pour toujours
Rien qu'un sourire
Rien que l'amour

Un cœur pour aimer

Le 27 janvier 2005, on m'ouvrit la poitrine pour m'enlever la valve de l'aorte et la remplacer par une prothèse biologique, ainsi que pour me faire trois pontages. À la sortie de l'hôpital, je commençai à écrire un spectacle musical : *Le cœur grand ouvert*, dans lequel je raconte les aventures de mon cœur et pourquoi il a dû être opéré. Au moment où j'écris ces lignes, j'ignore si ce spectacle sera produit un jour, mais j'ai la certitude que la chanson-thème trouvera un interprète.

À une époque où les problèmes cardiovasculaires causent de plus en plus de décès, cette chanson est un message d'amour pour tous les cœurs qui ont été fermés pendant si longtemps comme le fut le mien. Nous fermons notre cœur parce que nous avons peur d'aimer et d'être aimés, parce que nous avons peur que l'amour nous fasse souffrir, parce que nous croyons que nous ne méritons pas, que nous n'avons pas le droit ou que nous ne sommes pas dignes d'être aimés.

Je souhaiterais que cette chanson devienne la chanson-thème de la Fondation des maladies du cœur du Québec. Si *Shippagan* a fait des miracles pour un village, pourquoi cette chanson ne pourrait-elle pas en faire pour tous ceux qui n'osent pas encore ouvrir totalement leur cœur par peur de souffrir ?

Un cœur pour aimer

Un cœur pour aimer
Un cœur pour donner
Et pour célébrer
L'amour partagé
Un cœur pour unir
Un cœur pour sentir
Toute la passion de l'intimité
Un cœur pour aimer

    J'ai enfermé mon cœur au fond de ma poitrine
    Pour cacher ma frayeur de m'ouvrir à l'amour
    J'ai voulu que mon corps ne soit qu'une machine
    Et j'ai mis en péril la durée de mes jours
    Mais maintenant je sais que mon cœur est le centre
    D'un Univers qui donne et qui reçoit l'amour
    Il est la porte ouverte, il est la vie qui entre
    Et qui tisse sans fin la trame de mes jours
    Et c'est ce nouveau cœur que je voudrais un jour pouvoir donner
    Un cœur pour aimer

Un cœur pour aimer
Un cœur pour donner
Et pour célébrer
L'amour partagé
Un cœur pour unir
Un cœur pour sentir
Toute la passion de l'intimité
Un cœur pour aimer

Y a tellement d'horreur maintenant dans le monde
Que nous ne savons plus pourquoi nous sommes nés
Y a tellement de rage et de douleur profonde
Que notre cœur blessé est comme anesthésié
Pourtant, grâce au chaos, le monde se transforme
Et grâce à la douleur, peu à peu, on grandit
C'est l'amour qui demande aux enfants que nous sommes
D'être avant toute chose des enfants de la Vie
Car le temps est venu, je crois, de nous donner un nouveau cœur
Un cœur pour aimer

Un cœur pour aimer
Un cœur pour donner
Et pour célébrer
L'amour partagé
Un cœur pour unir
Un cœur pour sentir
Toute la passion de l'intimité
Un cœur pour aimer

Par amour, par amour toujours

Une nouvelle chanson écrite en 2006, juste avant qu'*Évangéline* gagne le prix de la chanson la plus populaire de l'année au gala de l'ADISQ. Je sens que cette chanson aurait pu être écrite par Évangéline elle-même, comme s'il s'agissait de la suite de son histoire. Je trouvai le titre dans une revue de mode française. Chaque année, un petit groupe de personnes et moi, nous créons notre « mandala » de l'année. Il s'agit de faire un montage en collant sur un carton de couleur des photos, des mots ou des phrases. Chacun apporte plusieurs revues que nous partageons. Ensuite, nous les feuilletons et découpons les mots, les phrases ou les images qui frappent notre imagination ou notre inconscient. Puis, chaque personne fait son propre montage en collant tous les éléments qu'elle a choisis sur son carton.

La phrase « par amour, par amour toujours » m'avait frappé. Je l'ai mise bien en évidence sur mon carton. Ce n'est qu'au bout de plusieurs mois que cette phrase, que je voyais tous les jours en me réveillant, se révéla comme un titre de chanson. Ensuite, les mots sont venus. Il est intéressant de voir comment une chanson peut naître à partir d'un mouvement de l'inconscient et comment tout est déjà écrit. Il suffit de laisser venir les mots et de les accueillir comme des « êtres » qui viennent vous visiter et vous apporter un cadeau. La musique, elle, vient se mouler sur les mots, les mettant en valeur, leur donnant un éclairage bien précis. Chaque création, fût-elle simple comme peut l'être une chanson, est un cadeau. Un cadeau que l'on s'offre à soi-même pour pouvoir le partager avec les autres. Un cadeau du ciel. Je me souviens d'une dame qui, un jour, après m'avoir écouté jouer une pièce musicale, me demanda :

— C'est de vous ?

Et je répondis :

— Non, madame, c'est de Dieu !

Par amour, par amour toujours

Que puis-je dire, que puis-je faire
Pour que le monde soit meilleur
Pour que les enfants de la Terre
Ne vivent plus dans la terreur ?

Terreur des bombes et des tempêtes
De la misère et de la faim
Comment réinventer la fête
Pour qu'ils aient confiance en « demain » ?

Par amour, par amour toujours
Chaque pensée, chaque parole
Par amour, par amour toujours
Chaque action même la plus folle

Par amour, par amour toujours
Le profond respect de soi-même
Par amour, par amour toujours
Chaque baiser, chaque je t'aime

Que puis-je dire, que puis-je faire
Pour que le monde soit meilleur
Pour que les enfants de la guerre
Découvrent le parfum des fleurs ?

Fleurs de bonté, fleurs de partage
Fleurs de douceur, de liberté
Comment leur donner le courage
D'être des jardiniers de paix ?

Par amour, par amour toujours
Chaque regard, chaque sourire
Par amour, par amour toujours
Chaque sanglot et chaque rire

Par amour, par amour toujours
Chaque plaisir, même éphémère
Par amour, par amour toujours
Chaque désir, chaque colère

Que puis-je dire, que puis-je faire
Pour que le monde soit meilleur ?
Ce n'est plus le temps de se taire
D'être bâillonné par ses peurs

Peur de souffrir, peur d'être libre
Peur de donner, peur de vieillir
Comment apprendre à oser vivre
Sans s'inquiéter de l'avenir ?

Par amour, par amour toujours
Guérir la douleur et le drame
Par amour, par amour toujours
Bannir la critique et le blâme

Par amour, par amour toujours
Plus jamais se sentir coupable
Par amour, par amour toujours
Accepter d'être vulnérable

Par amour, par amour toujours
Se jeter tout nu dans le vide
Par amour, par amour toujours
Voir l'éternité dans ses rides

Par amour, par amour toujours
Ne plus contrôler ses faiblesses
Par amour, par amour toujours
Ouvrir son cœur à la tendresse

Par amour, par amour toujours
La bouffée d'air que tu respires
Par amour, par amour toujours
Chaque regard, chaque sourire

Chaque sanglot et chaque rire
Chaque soupir, chaque désir
Par amour, par amour toujours
Chaque pensée, chaque parole

Par amour, par amour toujours, toujours, toujours, toujours
Par amour, par amour toujours
Par amour, par amour
Toujours par amour

Chansons d'humour

J'aime l'humour, en particulier l'humour français. J'ai adoré l'humour *de Jacques Chazot, le danseur préféré de Roger Peyrefitte et de François Mauriac, et les histoires qu'il inventait autour de ses deux héroïnes de l'après-guerre : Marie-Chantal et Gladys. Mais je pense que c'est l'humour de Jacques Prévert et celui de Boris Vian qui ont surtout marqué mon adolescence et mes premiers pas dans l'âge dit « adulte ». J'ai très bien connu Boris Vian. Je dansais avec sa femme, Ursula Kübler, et j'ai été témoin de l'écriture du livre qui l'a rendu célèbre :* J'irai cracher sur vos tombes.

Autrefois, je pratiquais un humour caustique, voire méchant. Je pouvais, en une seule phrase, réduire une personne à sa plus simple expression. Je n'en suis pas fier, mais c'était alors pour moi une façon de cacher ma souffrance. Je crois en fait que l'humour est un masque derrière lequel se cache souvent une grande souffrance, tout comme une grande solitude se dissimule derrière le masque du clown. Mes amis québécois me disent aujourd'hui que je suis devenu un peu « plate » depuis que j'ai perdu mon sens de l'humour. C'est que, maintenant, j'aime mieux être « plate » que de blesser les autres et, à vrai dire, je n'ai plus aucune raison de me « défendre » au moyen de l'humour.

Quand je suis arrivé au Québec, j'ai découvert une autre forme d'humour, avec Paul Berval, Denise Filiatrault, Dominique Michel et Denis Drouin. Et je dois avouer que j'ai adoré ces quatre merveilleux comiques qui m'ont fait passer de très bons moments.

Toutefois, avec le temps, j'en suis venu à préférer l'humour absurde de Raymond Devos. L'absurde, n'est-ce pas ce qui est le plus près de la réalité ?

Tout mais pas ça

Utiliser l'humour pour se moquer de l'amour fonctionne toujours assez bien. Lorsque je commençai à écrire des chansons, j'étais en rébellion contre l'amour, je pratiquais l'humour comme protection contre ma grande fragilité émotionnelle et, musicalement, j'aimais inventer des formules rythmiques que je croyais intéressantes parce qu'elles étaient compliquées. Cela m'a pris des années pour comprendre vraiment que la chanson populaire doit être simple. Au début, j'avais presque honte d'écrire une petite valse parce que je confondais la simplicité avec l'ignorance. Mon ami André Popp, le compositeur millionnaire de *L'amour est bleu*, m'avait dit un jour :

— Lorsque, en passant dans la rue, tu entendras par une fenêtre ouverte une voix qui fredonne une de tes mélodies, tu sauras alors que tu as écrit une vraie chanson.

Bref, j'étais loin de comprendre la philosophie d'André lorsque je faisais mes exercices de style en écrivant des chansons compliquées et pleines de dérision. C'est le cas de *Tout mais pas ça*, qui possède une structure rythmique des plus complexes et un texte assez sarcastique, mais ce furent ces deux éléments qui enchantèrent Monique Leyrac. Elle se joua avec facilité de la difficulté vocale et elle était assez bonne comédienne pour tirer le maximum de l'ironie du texte. Elle fit connaître cette chanson aux Français lors de son passage à l'Olympia de Paris en 1966. Deux autres chansons dans le même style, *Et bye bye* et *En do majeur*, faisaient partie de son répertoire lors de son périple français, et les Parisiens (en tout cas, les critiques) firent grand cas de ces « petites chansons drôles » présentées par la grande chanteuse du Québec.

Merci, Monique, d'avoir fait que le nom de Michel Conte apparaisse pour la première fois dans les journaux parisiens et de m'avoir aidé à me prendre un peu plus au sérieux comme auteur-compositeur !

Tout mais pas ça

Je te donnerais la lune si tu le voulais
Mais comme il n'y en a qu'une, ce serait compliqué
Je te donnerais mon cœur si tu m'le demandais
Mais comme je n'en ai qu'un, ce serait trop risqué

Je t'offrirais ma fortune si tu la voulais
Mais je n'ai de fortune aucune, il faut me pardonner
Je te donnerais mon âme si tu l'exigeais
Mais mon âme est chez le Diable et j'aime mieux l'y laisser

Je te donnerais mes mains, mais des mains c'est précieux
Et pour faire certains trucs, si t'en as, c'est bien mieux
Je te donnerais mes yeux, mais sans mes yeux n'est-ce pas
Je ne pourrais plus te voir et ça je ne le veux pas

La plus belle fille de Paris ne donne que ce qu'elle a
C'est du moins ce que l'on dit, moi ça n'me dérange pas
Tout c'que j'ai, tu peux l'avoir aussi
Il suffit que tu en aies envie
Tu peux plonger en plein dans ma vie
Je t'attendrai toujours avec un sourire et pour te faire plaisir

Je te donnerais ma bouche, mais qu'est-ce que tu ferais
De deux bouches qui se touchent ça t'embarrasserait
Je te donnerais mon nez, mais il n'est pas très beau
Et d'ailleurs tu n'es pas fait(e) pour jouer Cyrano

Je te donnerais mon ego, mais il faut deux ego pour faire un beau duo
Toi, tu jouerais l'alto, moi, je tiendrais l'piano
Mais tu joues tout trop haut et moi je n'joue qu'en *do*
Et d'ailleurs tu joues faux alors tu vois qu'il

Faudrait pas t'imaginer que je vais tout donner
Y a une chose en tous les cas que je ne donnerais pas
Car ce que tu veux de moi, c'est simplement l'amour
Et ça ne m'intéresse pas si ça doit durer toujours

Tu peux tout avoir de moi, oui vraiment tout mais pas ça
Tu peux tout avoir de moi, oui vraiment tout mais pas ça
Tu peux tout avoir de moi, oui vraiment tout mais pas ça

Et bye bye

Dans la même foulée que *Tout mais pas ça* vient *Et bye bye*. Plein d'une ironie qui frise le mépris, tout le texte pourrait se réduire à : « Ne me raconte pas d'histoire... je ne crois ni en toi ni en l'amour. »

La chanson a commencé avec une mélodie de Neil Chotem, un des plus grands chefs d'orchestre, arrangeurs et compositeurs des années soixante, mélodie que je devais convertir en une chorégraphie. La mélodie me plaisait, je l'habillai avec un texte qui lui collait à la peau et Monique Leyrac l'intégra à son répertoire.

Le soir de la première de Monique à l'Olympia de Paris étaient assis dans la salle Jean Ferrat et son épouse, Christine Sèvres. Celle-ci eut le coup de foudre pour cette chanson (et aussi pour *En do majeur*) et chercha en vain son auteur. Je n'avais même pas encore songé à devenir membre de la Société des auteurs et compositeurs du Canada, c'est dire le peu de cas que je faisais de mes petites chansons que j'écrivais parce que cela m'amusait beaucoup. Christine Sèvres me chercha partout et ne me trouva pas. Finalement, elle fit copier cette chanson ainsi que *En do majeur* (dont je parlerai plus loin) et enregistra les deux chansons.

L'amusant dans cette histoire, c'est que deux ans plus tard, de passage à Paris, je fus invité dans une petite boîte à chansons de la rive gauche et là, on me présenta Christine Sèvres. Quand elle sut qui j'étais, elle s'écria :

— Mais je vous cherche partout depuis deux ans !

Et je répondis en souriant :

— Eh bien, vous venez de me trouver !

La seule ombre au tableau : son mari Jean Ferrat, que j'admirais beaucoup, n'était pas avec elle. J'aurais aimé le rencontrer.

Elle me conseilla de devenir le plus vite possible membre de la Société des auteurs et compositeurs du Canada, ce que je fis en rentrant à Montréal.

Elle me conseilla aussi de prendre plus au sérieux mon talent d'auteur-compositeur mais sur ce point je ne l'écoutai pas. C'est bien plus tard que je pris conscience qu'écrire des chansons pouvait être plus qu'un hobby.

Merci, Christine Sèvres, parce que *Et bye bye*, au lieu d'un adieu, fut la chanson qui me permit d'être « reçu » pour la première fois dans le monde de la chanson française.

Et bye bye

Ne m'dis plus tous ces mots que l'on dit tant et tant
À tort et à travers si tu n'y crois... pas
Je n'suis pas né d'hier et ça fait bien longtemps
Que j'ai perdu mes... illusions

La grande scène du cinquième et la main sur le cœur
Les roses et les « je t'aime », je n'y crois pas... plus
Qu'au beau prince charmant et au grand méchant loup
Ne te fatigue donc... pas pour moi

Je pourrais bien sûr te laisser parler
Et faire semblant d'être subjugué
Mais vois-tu, ma chère, le temps, c'est précieux
Et j'ai mieux à faire que de t'écouter

Alors je te conseille d'aller un peu plus loin
Faire ton numéro pour ceux qui aiment... ça
Moi j'préfère les filles qui parlent moins mais font
Ce que tu ne m'as... jamais fait

Version du couplet précédent pour une femme :
Alors va, je t'en prie, faire le joli cœur
Devant toutes les « pépées » qui aiment bien... ça
Moi j'aime mieux les garçons qui parlent moins
Mais font ce que tu ne m'as... jamais fait

Ah ! bien sûr, si tu te décidais à faire ce dont
Tu parles tout le temps, je serais prêt à te pardonner
Mais en attendant

Ne m'dis plus que tu m'aimes sans jamais le prouver
Je n'suis pas de ces gars (filles) qui ont peur de… tout
Quand une femme (un homme) me plaît, je peux donner beaucoup
Encore faut-il qu'elle (qu'il)… veuille aussi

Toi j'ai l'impression que ce qui te manque
C'est sûrement un peu d'imagination
T'as le verbe facile mais le geste lent
T'as peur d'la fatigue et des emmerdes…

Alors, cesse s'il te plaît de jouer le grand jeu
Tu n'es pas plus Juliette que moi Roméo
(Je n'suis pas plus Juliette que toi Roméo)
Le grand roman d'amour, c'est la porte à côté
Vas-y faire un tour et bye bye

Les bons copains

Voici une autre chanson qui fait partie de ce cycle de chansons d'humour et de dérision.

Toujours railleur et sarcastique face à l'amour, le texte épouse une mélodie qui se déroule dans une succession de changements rythmiques assez compliquée. Curieusement, ces changements rythmiques se prêtent parfaitement à un accompagnement de jazz. Ce fut cet élément « jazzé » qui séduisit Lucille Dumont qui excellait dans ce style musical.

L'élément le plus révélateur du texte réside dans la difficulté que nous éprouvons tous au moment de nous engager dans une relation amoureuse. La peur que nous ressentons à plonger dans l'inconnu ainsi que la crainte de retomber dans la douleur que nous avons expérimentée dans d'autres relations. Lorsque nous savons que toutes nos relations d'adulte ne sont que la répétition du rapport que nous avons entretenu dans notre enfance avec notre père et notre mère, nous comprenons pourquoi nous voulons tous nous « protéger » de la douleur qui est associée à l'amour dans notre inconscient.

En restant seulement de « bons copains », nous pouvons faire semblant de nous aimer sans en subir les conséquences néfastes. Je ne dis pas non, mais je ne dis pas oui non plus. Je ne veux pas te perdre, certes, mais je ne veux pas non plus te « gagner ». Évidemment, si j'étais sûr de toujours avoir le contrôle de la relation, cela ne me gênerait pas de te dire « je t'aime », mais comme j'ai bien peur qu'un jour tu finisses par me contrôler, alors restons bons copains… et n'en parlons plus.

Cette peur de l'amour cachée sous le masque de l'ironie est très souvent présente dans notre discours amoureux. Pour cela, *Les bons copains*, en son temps, fut une chanson appréciée. Je crois que si un chanteur ou une chanteuse la reprenait, elle serait toujours aussi actuelle. Qui peut se prétendre guéri de la peur de l'amour ?

Les bons copains

On reste bons copains, ça c'est entendu
Donne-moi la main et n'en parlons plus
Pas d'cris ni de larmes ni de sanglots longs
Fini le coup du charme et des violons
On s'est bien aimé, moi je t'aime encore
Mais je veux plus m'pâmer dans le corps à corps

    Mais si tu le veux
    On peut encore se voir
    Et prendre un verre un soir
    Ensemble dans un bar

    Mais entre bons copains, ça c'est entendu
    Donne-moi la main et n'en parlons plus
    Pourtant, pourtant, pourtant

Pourtant je me rappelle, c'était comme hier
Tu étais très belle et j'en étais très fier
On a fait l'amour dès le premier soir
Ça s'fait pas toujours mais on voulait savoir
On a su tout d'suite c'qu'est le paradis
Celui qu'on nous cite quand on est petit
Pour dire ses prières, c'est bien mieux à deux
C'est la seule manière de croire au bon Dieu

Ne fais pas cette tête, rentre à la maison
Demain c'est ta fête, t'as l'âge de raison
Je t'avais prévenue mais tu n'croyais pas
Que le même menu à chaque repas
À la fin ça lasse et ça vous fait mal
Et l'amour se casse comme du cristal

Mais si tu le veux
On peut encore se voir
Et prendre un verre un soir
Ensemble dans un bar

Mais entre bons copains, ça c'est entendu
Donne-moi la main et n'en parlons plus
Pourtant, pourtant, pourtant

T'étais ma Lucrèce, j'étais ton Borgia
Tu fus ma maîtresse dans les hortensias
Je t'avais élevée sur un piédestal
Je t'aurais enlevée même sans cheval
Une heure auprès de toi c'était comme un été
Un rêve qui devient une réalité

Version du couplet précédent pour une femme :
Je fus ta Lucrèce, tu fus mon Borgia
Je fus ta maîtresse dans les hortensias
Tu m'avais élevée sur un piédestal
Tu m'aurais enlevée même sans cheval
Une heure auprès de toi c'était comme un été
Un rêve qui devient une réalité

Pourquoi faut-il qu'ça casse toujours au moment
Où un ange passe dans votre roman
Je t'aurai toujours dans un coin du cœur
Car un grand amour jamais ça ne meurt

Alors bons copains, ça c'est entendu
Donne-moi la main et n'en parlons
Donne-moi la main et n'en parlons
Donne-moi la main et n'en parlons
Plus

Jean-Sébastien

Utiliser la musique classique pour en faire des chansons m'a toujours beaucoup plu. À ce propos, j'ai déjà parlé du récital de Monique Leyrac à la Place des Arts, où elle était accompagnée par l'Orchestre symphonique de Montréal sous la direction de Neil Chotem (voir page 152).

Mais lorsque j'eus l'idée de mettre un texte amusant sur un prélude de Bach sur lequel je m'étais obstiné durant des mois quand j'étais au Conservatoire, ce fut en quelque sorte une manière de me venger de monsieur Bach et des difficultés techniques de ses pièces.

La chanson *Jean-Sébastien*, c'est une scène de ménage entre madame et monsieur Bach, transposée de nos jours. Madame voudrait plus d'argent, Monsieur fait ce qu'il peut. Madame est jalouse de madame Haendel, à qui son mari vient d'offrir un manteau de vison, Monsieur fait ce qu'il peut. Madame voudrait passer les hivers en Floride mais Monsieur est pris avec ses répétitions et l'argent est rare.

La musique de Jean-Sébastien Bach se prêtant merveilleusement bien au rythme du jazz, ce fut pour moi un immense plaisir d'écrire cette chanson. Monique Leyrac et moi l'avons interprétée pour la première fois à la télévision de Radio-Canada. Monique était madame Bach et moi, j'étais Jean-Sébastien. Plus tard, Monique l'enregistra et l'intégra à son répertoire, jouant à la fois Monsieur et Madame grâce à son immense talent de comédienne.

Jean-Sébastien

MADAME : Jean-Sébastien, tu m'exaspères
Cesse de taper sur ce clavecin

MONSIEUR : Mais, ma chérie, je n'y peux rien !

MADAME : Pourquoi ?

MONSIEUR : Parce que j'ai promis
De livrer demain
Le prélude en *mi*
Car on a besoin
De cet argent pour payer le loyer
Depuis que tu ne veux plus travailler

MADAME : Mais enfin, Jean-Sébastien
Comment pourrais-je travailler
Avec ma bronchite chronique
Et mes rhumatismes
Ça fait des années que je te dis
Que le climat de Westphalie
Ne me réussit pas du tout
Si tu pouvais gagner des sous
On irait en Floride
Passer l'hiver
Mais bien sûr
C'est comme si je parlais
Devant un mur !

MONSIEUR : Mais enfin, ma chérie, comprends-moi !

MADAME : Jean-Sébastien, tu m'exaspères
Cesse de taper sur ce clavecin
Oh ! Je sens que je vais faire une crise de nerfs

MONSIEUR : Mais, ma chérie, tu exagères
 Pense à notre pain quotidien
 Et à nos vingt enfants
 Et à nos petits-enfants
 Ce n'est pas d'ma faute
 Si je n'arrive pas à trouver un style qui soit commercial
 Tu comprends, ma musique, c'est trop compliqué !

MADAME : Si tu faisais de l'argent
 Je pourrais m'acheter un vison
 La femme de Haendel
 Vient de s'en acheter un noir superbe

MONSIEUR : Oui mais Haendel a eu la chance
 De se trouver un bon agent de publicité
 Alors que moi, je dois me débrouiller
 Tout seul dans ce métier

MADAME : Pourquoi n'écris-tu pas une comédie musicale
 Quelque chose qui « swingue »
 Qui soit vraiment original

MONSIEUR : Oui mais le plus dur
 C'est de trouver un jour quelqu'un qui me « backe »
 Alors peut-être, si j'ai d'la chance, sur Broadway
 On affichera le nom de Jean-Sébastien Bach

La Valse minute

Un texte écrit sur la fameuse valse de Frédéric Chopin. Cette valse m'avait donné l'occasion de me révolter contre mon professeur de piano durant mes études au Conservatoire. Il trouvait que je la jouais trop lentement et, un jour, exaspéré, je lui lançai :

– Qu'est-ce que vous voulez exactement ? Que je la joue en trente secondes ?

Ce qui me valut d'être mis à la porte de la classe durant une semaine.

Comme je l'ai dit avant, j'ai beaucoup aimé mettre des mots sur des musiques classiques qui avaient fait partie de ma vie lorsque je faisais des études musicales. Une manière de me venger de Chopin comme de Jean-Sébastien Bach (voir page 179) avec un sens de l'humour typiquement français qui plaisait beaucoup à Monique Leyrac.

Mais il y a un autre souvenir qui me vient en mémoire. J'adorais la *Ballade n° 1* de Chopin et je l'ai étudiée avec beaucoup d'amour. J'aimais l'interrogation évoquée par le premier thème, *do, ré, fa, si, la, sol, ré, do...* et je me plaisais à mettre des paroles (déjà) sur cette interrogation existentielle... J'avais même écrit un synopsis sur cette ballade.

Les scènes défilaient dans ma tête pendant que je jouais, de sorte que je me perdais parfois dans la partition, sautant des pages entières comme il m'arriva de le faire lors d'un concours. Mais le plus étonnant fut qu'un jour, alors que je répétais cette ballade dans une salle, ma répétitrice entra et s'arrêta net. Je continuai à jouer et, tout à coup, j'eus l'impression d'avoir vécu cette scène ! Je n'étais plus moi, ma répétitrice n'était plus elle, la salle n'était plus la salle du Conservatoire. Nous étions ailleurs, nous étions autres. Seule la *Ballade n° 1* de Frédéric Chopin était vraie. Cela dura quelques instants et puis, tout revint au présent. J'arrêtai de jouer, ma répétitrice vint s'asseoir près de moi. Ce fut plus tard que, sur un ton de confidence, elle me dit : « Vous savez, l'autre jour, lorsque je suis entrée dans la salle, ce n'était pas vous qui étiez assis au piano, c'était "lui". » Je n'ai pas eu à demander qui était ce «lui». Je le savais. Un médium m'avait dit un jour que j'étais la réincarnation d'un grand musicien. Beaucoup de choses nous unissaient, Chopin et moi. Une hypersensibilité, une hyperémotivité, le piano, la tuberculose, l'envie de ne pas vivre, la douleur de ne pas être compris, l'exil! Quand je regardais un fusain qu'un de mes admirateurs avait fait de moi (et que j'ai perdu) lorsque, à l'âge de vingt ans, je dansais à Vichy dans le corps de ballet de l'Opéra de Strasbourg, je trouvais effectivement que j'avais une grande ressemblance avec le célèbre compositeur. Mais je ne crois pas avoir été Chopin. Si cela était le cas, j'en aurais eu des preuves et je n'aurais probablement jamais écrit ce texte sur sa *Valse minute*.

En toute sincérité, je dois avouer que je ne suis pas fier de ce texte. Je serais même prêt à accuser Monique Leyrac de m'avoir obligé à l'écrire, ainsi j'aurais meilleure conscience. Une chose est sûre: c'est elle qui créa cette partition qui, de fait, est bien plus un exercice de haute voltige qu'une chanson. Mais Monique aimait les défis et l'humour. Je crois aussi que mes petites chansons humoristiques tellement «françaises» lui rappelaient sa période parisienne, période pendant laquelle elle chantait dans les boîtes de la rive gauche. Je soupçonne qu'elle a adoré cette époque de sa vie et qu'elle en garde un souvenir ému. D'ailleurs, en écrivant ce livre, je me rends compte que Monique Leyrac, en dehors de *Rien qu'un sourire*, n'a chanté de moi que des chansons légères, pleines d'humour et d'ironie alors qu'elle a prêté sa magnifique voix aux grandes chansons de Vigneault comme: *Mon pays, La Manikoutai*, etc. Pourquoi? Parce que j'étais le seul auteur au Québec qui écrivait à l'époque ce genre de chansons? Parce que, grâce à ces chansons, elle revivait sa «vie parisienne»? Peut-être faudrait-il le lui demander.

La Valse minute

Je n'ai qu'une minute, une petite minute
Je n'ai rien qu'une minute, une petite minute
Une toute petite minute
Pour vous chanter une valse
Une valse d'une minute qui
Ne dure pas plus qu'une minute
Oui, je peux la chanter, l'articuler
Sans faire une faute
Et sans oublier une seule note
Ce n'est pas si facile que ça
Mais il faut que je vous explique
J'ai parié l'autre soir devant tous mes amis
Que rien n'était plus facile
Et quand j'ai réussi
Ils m'ont offert une bouteille de whisky
Et depuis je bois pour rien dans toutes les surprise-partys
Je leur fais la surprise et eux ils font le party
Je ne nitouche pas mais j'aime encore mieux le whisky
Si Chopin avait su ça, je suis sûre qu'il ne l'aurait jamais écrite

> Je trouve ça vraiment curieux
> Et quelquefois c'est vraiment très ennuyeux
> Quand je fais bouillir mes œufs
> Trois fois de suite je dois la chanter, mon Dieu !

Je n'ai plus que trente secondes, trente petites secondes
Je n'ai plus que trente secondes, trente petites secondes
Je n'ai plus que la moitié d'une minute
Pour vous chanter cette valse
Cette valse d'une minute qui
Ne dure pas plus qu'une minute
Quelquefois je me demande
Si je suis une femme ou si je suis une cocotte

Une cocotte-minute
Justement mon mari me disait l'autre jour :
« J'en ai vraiment assez, tu t'arranges toujours
Pour faire ce que tu fais à la dernière minute »
Mais moi je lui ai dit : « Alors là pardon minute
Essaie donc de trouver quelqu'un qui comme moi
Peut tout faire dans une minute »

En do majeur

Une autre chanson qui se sert du vocabulaire musical pour faire de l'humour, mais cette fois en utilisant un langage plus technique.

Ce n'est pas tout le monde qui sait ce que sont les tonalités musicales et que l'accord de *sol* septième nous fait retomber dans la tonalité de *do*.

En fait, le thème de la chanson, c'est que, quoi qu'on fasse, il n'y a pas de changements possibles dans une relation. Une vision plutôt négative du couple qui correspondait assez bien à mon expérience de vie et, j'imagine, à celle de nombreuses autres personnes puisque cette chanson plaisait beaucoup lorsque Lucille Dumont, Monique Leyrac, Christine Sèvres ou moi-même la chantions en spectacle ou à la télévision.

Une autre manière, plus fantaisiste et plus romantique, de dire : « Plus ça change, plus c'est pareil ! J'ai peur que tu te fatigues de moi mais je sais que tu as encore plus peur de me perdre. Alors continuons à essayer de changer, cela nous donne bonne conscience, bien que dans le fond nous savons parfaitement que rien ne changera. En fait, si tu changeais, je me sentirais mieux. » C'est curieux comme c'est toujours l'autre qui a tort et qui nous complique la vie. Si l'autre était comme je veux qu'il (ou elle) soit, comme la vie serait facile ! À titre de thérapeute, j'ai souvent des appels d'hommes qui me disent : « Je vais vous envoyer ma femme, elle a bien besoin d'aide. » Et je réponds : « Pourquoi ne venez-vous pas d'abord, ensuite on verra ce qu'on peut faire pour votre femme. » Ma réponse ne leur plaît pas du tout !

Cette impuissance à transformer une relation et l'impossibilité de renoncer à cette relation est, hélas, une réalité quotidienne dans notre société dite « moderne ».

En do majeur

J'voudrais t'aimer
Sur tous les tons
Et sur tous les tons
Je te le redis sans cesse
Mais pour te chanter
Ma tendresse
Je retombe toujours dans le ton de *do* majeur

J'ai beau essayer
Me forcer, travailler
Cent fois recommencer
Vraiment y a rien à faire
Quand je pense à toi
Et ça chaque fois
Je retombe toujours dans le ton de *do* majeur

Notre amour, en fait
C'est un accord parfait
Mais je voudrais un jour
Pouvoir changer de gamme
Jamais rien à la clef
Même si ça te plaît
Je trouve que ça manque un peu de cœur et d'âme

C'est toujours ainsi
Rien ne réussit
Pour toi c'est bien un *si*
Qui est ta note sensible
Tu me dis « je t'aime »
Sur un *sol* septième
Et du septième ciel, on retombe en *do* majeur

Cruelle destinée
Qui d'année en année
M'oblige à répéter
Toujours la même musique
Un jour je le sais
Tu vas te lasser
Et j'me retrouverai tout seul en *do* majeur

Je voudrais tant t'aimer
Avec trois dièses à la clef
Et t'offrir des bémols
En bouquets chromatiques
Mais je perds aussitôt
La ligne mélodique
Et je retombe encore une fois en *do* majeur

Et lorsque tu pleures
J'attaque en *ré* mineur
Une fugue à sanglots
Que je trouve admirable
Mais même le malheur
Pour moi, c'est du majeur
Et ma fugue finit toujours en *do* majeur

Il faut donc accepter
Cette fatalité
Car il n'existe pas
De solution possible
J'aime autant t'aimer
En sachant qu'à jamais
Tu chanteras toute ma vie dans mon dos
Tu chanteras toute ma vie dans mon dos
Tu chanteras toute ma vie dans mon dos… majeur

Chansons de l'âme

Le poème qui suit, je l'ai écrit à l'âge de quinze ans et il a toujours fait partie de moi, inscrit quelque part dans le fond de ma mémoire ou, mieux, dans mes cellules. Même si je n'y pense pas, je ne l'oublie pas. Je viens de l'écrire d'un seul jet à l'instant et je ne l'avais pas relu depuis au moins sept ans. En fait, cet après-midi, il s'est présenté à ma conscience en me demandant pourquoi je n'avais pas pensé l'inclure dans ce livre. C'était comme s'il désirait présenter cette section : « Chansons de l'âme ». Et je l'ai remercié car je sais qu'il a raison.

Il a fait partie de ma vie et de tous mes grands spectacles : Les enfants du ciel, En écoutant Vivaldi, Nu… comme dans nuages *et* Comme un grand cri d'amour. *Il est en quelque sorte la preuve évidente que je ne suis pas d'ici. Que je suis un extraterrestre, comme nous tous. Il m'a fait comprendre pourquoi Sylvain Rivière m'a suggéré d'intituler ce livre :* Évangéline ou l'amour en exil.

Le pays dont je suis

Souvent, quand je suis seul, je regarde le ciel
Cherchant à retrouver du fond de ma mémoire
Un souvenir d'avant, un souvenir réel
Qui pourrait me donner une raison de croire

Que si je suis ici, c'est qu'on m'a oublié
De tout ce qui m'entoure, je ne reconnais rien
Il n'est pas un visage qui me soit familier
Il n'est pas un paysage qui soit vraiment le mien

Mon pays, je le sais, se trouve dans l'espace
À des millions d'années de notre galaxie
C'est là que l'on m'attend, c'est là que j'ai ma place
Il faudra bien un jour que je parte d'ici

Je suis un voyageur, la Terre est une gare
Où tout le monde arrive, d'où tout le monde part
Je sais, d'une autre vie, tout ce qui me sépare
Je ne veux pas partir pour aller nulle part

Je ne suis pas d'ici et je suis d'un autre âge
Je suis d'une autre vie, je suis d'une autre foi
Quand je pense à partir pour le très grand voyage
Ce n'est pas pour mourir mais pour rentrer chez moi

Mon pays, je le sais, se trouve dans l'espace
À des millions d'années de notre galaxie
Plus grand qu'une patrie, plus petit qu'une place
Voilà mon vrai pays, le pays dont je suis

Nous, ceux qu'on nomme les humains, sommes tous en exil, ici, sur la planète Terre. Un exil volontaire, quoique inconscient pour la plupart des gens. Nous avons tous dans l'âme cette nostalgie d'un « ailleurs », pays gravé dans notre conscience auquel nous appartenons. Nous sommes tous des « enfants du ciel », et la mort n'est rien d'autre pour nous que le retour dans ce « pays » où les « nôtres » nous attendent. En fait, nous passons notre temps à chercher sur cette planète un lieu qui ressemble à ce « lieu intérieur » qui se trouve, pressentons-nous, dans cette partie la plus intime de notre être qui est notre âme. De la même manière que nous passons notre temps à rechercher l'être qui ressemble à l'image de l'amour que nous portons en nous. La Terre est une terre d'exil pour notre âme. Mais c'est aussi une terre d'apprentissage, un lieu de « travail », où notre âme vient expérimenter et se guérir.

Depuis toujours, j'ai le sentiment d'être en exil, de ne pas être d'ici, de ne pas avoir de place sur cette planète, d'être un étranger. Étranger, je l'ai été tout le temps. D'abord en France, où je suis né, ensuite au Québec, *où j'ai émigré, et ensuite aux Canaries, où je me suis exilé. Ce n'est que récemment que j'ai compris que le seul endroit dans lequel on peut se sentir « chez soi », c'est dans notre cœur, car le cœur est le refuge de l'âme et la plate-forme d'où elle décolle pour aller visiter son vrai « pays » durant notre sommeil ou nos moments de méditation. Je suis chez moi dans mon cœur, et je peux aussi avoir un autre chez-moi dans le cœur de ceux qui m'aiment. « Où voudrais-tu vivre ? » m'a-t-on souvent demandé. J'aurais voulu répondre :*

— Dans le cœur de quelqu'un qui m'aime.

Maintenant, je réponds : « Dans mon nouveau cœur, celui que l'on m'a réparé ! »

Le gars des vues

Cette chanson est venue mettre un point final à une longue histoire, une histoire que j'ai racontée, je crois, dans mon livre *Nu… comme dans nuages*. Je vais la résumer. La quarantaine a été pour moi une période difficile à bien des points de vue. J'ai déjà parlé de certains aspects de cette crise, l'aspect de la paternité, l'aspect « spirituel », l'aspect du vieillissement, mais c'est l'aspect « vital » qui m'a causé le plus de difficultés.

Qu'est-ce que la vie? Pourquoi suis-je ici sur la Terre? D'où viens-je? Où vais-je? Pourquoi je souffre? Pourquoi je suis heureux? Pourquoi suis-je condamné à mourir? Et ainsi de suite. Je m'étonne vraiment lorsque des personnes d'un certain âge viennent me consulter et m'avouent n'avoir jamais pensé à se poser ces « grandes » questions.

Qu'est-ce que la vie? Je crois qu'il y a trois options.

Première option : la vie est une loterie. Papa et maman font l'amour et je nais de cette union. Je n'ai pas demandé à venir sur cette planète et ce sont mes parents qui sont les responsables de ma venue. Je ne peux rien faire pour changer ce qui est et ce qui m'arrive. Je suis donc une victime de la vie, de ceux qui me l'ont donnée et de ce qu'elle me donne ou refuse de me donner. Je ne sais pas si cette option vous paraît raisonnable. Pour ma part, si je croyais que la vie est ainsi, il y a longtemps que je me serais tiré une balle dans la tête.

Deuxième option : la vie est un don reçu d'un certain Dieu qui apparemment m'aime beaucoup mais qui n'arrête pas de me condamner, de me châtier, de m'imposer une manière d'être, et de me faire danser une valse-hésitation entre le « bien » et le « mal ». Ce qu'il laisse faire aux hommes en son nom est une vraie barbarie. Il permet qu'un enfant innocent meure, qu'existent les guerres, et je ne suis pas sûr que j'aime l'idée que plus je vais souffrir ici-bas, plus mes chances d'aller au « paradis » sont grandes. Cette option-là vous plaît? À moi, pas du tout. Je ne veux rien savoir d'un Dieu pareil!

Alors, que nous reste-t-il comme troisième option? L'Orient nous propose une théorie séduisante : la réincarnation. Je suis une âme éternelle créée par une énergie d'amour à laquelle on peut donner le nom que l'on désire. Pour moi, le plus beau nom de Dieu, c'est la vie. Ma vie sur la planète Terre n'est qu'un voyage qui sert à mon âme pour expérimenter toutes les formes de la création dans leur aspect matériel. Je suis le créateur et le responsable de tous les événements de ma vie. Mon âme a choisi mon père et ma mère ainsi que la mission qu'elle désire accomplir durant sa vie terrestre. Je ne suis pas une victime de la vie, je *suis* la vie. Je peux vivre ma vie spirituelle avec mon âme et mon cœur, et ma vie matérielle, avec mon esprit et mon corps. Théorie séduisante, qui correspond à la croyance de millions d'êtres humains sur la planète. C'est une manière de vivre et d'accepter la vie qui a l'avantage de supprimer le «victimisme», la peur de la mort, la recherche frénétique du pouvoir et d'expliquer l'injustice et la souffrance humaine.

Ai-je vécu plusieurs vies avant celle-ci ? Ma vie actuelle est-elle le résultat des antérieures ? Voilà des questions que je me posais lorsque, perdu dans ma crise de la quarantaine, je cherchais une réponse à mes «grandes» interrogations. Je décidai de poser la question «en haut». Si la réincarnation existe, donnez-m'en la preuve. Et la réponse ne se fit pas attendre. Quelques mois plus tard, je partis avec trois amis pour la Tunisie, et là, dans une oasis de montagne nommée Chébika, je reçus la réponse et la preuve que j'avais vécu avant la présente vie sur cette planète et spécialement en Tunisie du temps où ce pays se nommait Numidie. Depuis, d'autres preuves m'ont été fournies.

Lorsque je fus certain que la théorie de la réincarnation me permettait de mieux comprendre les événements de ma vie, je pris la grande décision d'écrire une chanson sur ce thème. C'était en 1980, juste un an avant mon départ du Québec. Je la chantai pour la première et unique fois dans une émission de radio dirigée par Jacques Cossette. Je me souviens parfaitement de l'expression de cet homme pendant que je chantais. Une expression entre l'incrédulité et la compassion. La musique est très entraînante, pleine d'humour et cette chanson plaît beaucoup aux enfants. Ils l'appellent : *Le contrat*. Maman, fais-nous jouer *Le contrat*, et ils dansent avec leur corps l'acceptation du contrat signé par leur âme. C'est magnifique à voir !

Le gars des vues

Oui, tout est arrangé
Avec le gars des vues
Tout est déterminé
Tout est très bien réglé
Soigneusement prévu

Quand tu viens sur la Terre
T'as signé un contrat
Non pas chez un notaire
Ce qui est différent
Avec ce contrat-là
Tu l'as signé
En présence de toi
T'étais en même temps le gars (celle) qui l'écrivait
Le gars (celle) qui le signait
Et l'témoin consentant
Dans ce contrat
Dont tu ne te souviens pas
Y a des milliers de clauses
Qui disent que les choses
Doivent se passer comme ça

Tout est déterminé
Tout est très bien réglé
Soigneusement prévu
Oui, tout est arrangé
Avec le gars des vues

T'es le projectionniste
En même temps que l'artiste
Le spectateur unique ainsi que le critique
D'un film que t'as conçu
T'as choisi tes parents (eh oui!)
Tes joies puis tes misères
Ainsi que tous ces gens
Avec qui chaque jour
T'auras quelque chose à faire

Tu peux bien sûr refuser d'obéir
T'es libre de choisir
De n'pas réaliser
Ce que tu as signé
T'as toute l'éternité
Mais chaque fois
Que tu n'respectes pas
Les clauses du contrat
Dis-toi bien que plus tard
Faudra revenir pour ça
Alors penses-y à deux fois

Tout est déterminé
Tout est très bien réglé
Soigneusement prévu
Oui tout est arrangé
Avec le gars des vues

Aimons-nous les uns les autres

Lorsqu'en 1969 je décidai d'aller chanter dans les églises, les médias furent assez négatifs à mon endroit. Certains me prêtaient l'intention d'attirer l'attention sur moi, d'autres, que je ne savais plus quoi écrire. Certains m'accusèrent d'avoir sombré dans la spiritualité. Il est vrai que c'était une entreprise dangereuse. D'un côté, les artistes et les médias qui étaient plutôt à gauche, et de l'autre, l'Église qui se demandait si je faisais de la provocation ou bien si ma démarche était authentique.

Ce qui n'arrangeait rien, c'est que, quelques années auparavant, j'avais écrit une chanson vraiment irrévérencieuse sur la décision du pape Paul VI de condamner l'usage des contraceptifs. Je ne suis pas très fier de cette chanson que j'avais intitulée *Mon petit Paul*, mais je ne peux nier l'avoir écrite et, en plus, elle a tourné pas mal à la radio en 1968.

J'en donne ici un extrait :

Donne-nous s'il te plaît, oui! oui! notre pilule quotidienne
Et laisse-nous succomber à la tentation
Mon petit Paul, vraiment tu exagères
Tu n'es plus dans la course, tu n'es plus dans le vent
Change donc tes prières et laisse ton habit blanc
Et descend sur la Terre et va voir tes enfants
Qui crèvent de misère parce que tu as dit non, non, non, non

L'archevêché avait assez mal réagi à cette chanson et lorsque je pris la décision de chanter dans les églises, je me fis convoquer par Jean-Guy Dubuc, alors directeur de l'Office des communications sociales du diocèse de Montréal. Il me demanda la cause de ce revirement soudain et j'essayai de lui expliquer que ma démarche n'avait rien à voir avec le pape ni avec la religion catholique sinon qu'elle faisait partie de ma recherche personnelle. Je dois dire que Jean-Guy et moi devinrent de très bons amis et qu'il me défendit personnellement auprès de l'archevêque de Montréal lorsque certains prêtres m'accusèrent d'être un « antéchrist » (*sic*) !

C'est assez incroyable comme la « spiritualité » fait peur ! On l'associe constamment aux sectes. On dirait que les fidèles qui vont à la messe le dimanche ne sont pas « spirituels ». Non, ils sont catholiques ! Ce n'est pas pareil ? C'est un peu comme si les religions s'étaient détachées de la spiritualité pour s'attacher aux dogmes et aux traditions. Il en est de même pour toute la vague du « New Age » qui s'est vue taxée de « spirituelle » alors que Dieu sait qu'elle est assez loin de l'être.

Existe-t-il une phrase plus « spirituelle » que : « Aimons-nous les uns les autres » ?

Aimons-nous les uns les autres

Aimons-nous les uns les autres
Autant que nous le pouvons
Aimons-nous les uns les autres
C'est la plus belle chanson

Mais avant d'aimer les autres
Commençons par nous aimer
Cet amour qui est le nôtre
Essayons de le donner

Aimons-nous les uns les autres
Autant que nous le pouvons
Aimons-nous les uns les autres
C'est la plus belle chanson

Cet amour que tu me donnes
Je le donnerai à mon tour
Et l'amour que je te porte
Une autre le portera un jour
Ainsi l'amour, comme une grande chaîne
De cœur en cœur s'envole et se promène
Et nous revient comme les fleurs nous reviennent
À chaque printemps de nos vies

Aimons-nous les uns les autres
Autant que nous le pouvons
Aimons-nous les uns les autres
C'est la plus belle chanson

      Je t'aime, tu m'aimes, nous nous aimons
      Tu m'aimes, je t'aime, nous nous aimons
      Je t'aime, tu m'aimes, nous nous aimons
      Tu m'aimes, je t'aime, nous nous aimons

Aimons-nous les uns les autres
Autant que nous le pouvons
Aimons-nous les uns les autres
C'est la plus belle chanson

Mais avant d'aimer les autres
Commençons par nous aimer
Cet amour qui est le nôtre
Essayons de le donner

      Je t'aime, tu m'aimes, nous nous aimons
      Tu m'aimes, je t'aime, nous nous aimons
      Je t'aime, tu m'aimes, nous nous aimons
      Tu m'aimes, je t'aime, nous nous aimons

Il est revenu

Ce spectacle *Aimons-nous les uns les autres*, que j'ai donné dans les églises du Québec durant près de dix-huit mois, comprenait dix-sept chansons. Les chansons les plus intéressantes sont celles dans lesquelles je plaçais l'Évangile dans le contexte du quotidien de notre époque. Jésus chantait dans un café avec sa guitare, Madeleine était serveuse dans un restaurant, Pierre était le petit livreur de l'épicerie située en face du local d'un groupe de motards dont Jésus était le leader. Certaines chansons de ce spectacle furent enregistrées sous l'étiquette Vogue. Le disque s'intitulait *Aimons-nous les uns les autres* et parue en 1969. Je demandai à Stéphane Venne d'assumer la production et d'écrire les arrangements, ce qu'il fit avec beaucoup de talent et d'intérêt, bien que, comme il me l'avoua avec sincérité, il ne se sentît pas attiré personnellement par ma démarche dite « spirituelle ».

Je crois que ce qui a plu à l'archevêché de Montréal dans mon spectacle, c'est le fait que j'aie « modernisé » l'Évangile, non seulement avec la musique mais aussi avec les paroles. Jean-Guy Dubuc, du diocèse de Montréal, avait écrit quelques phrases que l'on pouvait lire dans le programme et qui, d'une certaine manière, légitimaient auprès des prêtres et des fidèles ma présence dans les églises :

« Il y a longtemps que je rêvais d'entendre le cœur du Christ battre au rythme d'aujourd'hui. Il fallait une musique actuelle pour porter le message éternel. Je souhaite que l'on écoute cette musique, ces poèmes, ces chansons de Michel Conte, pour que l'on redécouvre la parole. Moi, j'embarque et je vous y invite. »

Je me lançai dans cette nouvelle aventure avec quatre musiciens, deux techniciens et un gérant. Je dois dire que ce fut une belle expérience. J'avais l'impression de retourner à l'époque de mon adolescence et de me réconcilier avec une partie de moi-même que j'avais oubliée depuis longtemps.

Il est revenu

Jésus habite dans ma rue
L'autre jour, je l'ai reconnu
Depuis j'attendais le moment de lui parler
Mais quand c'est arrivé, je n'ai pas osé

Il m'a regardé sans rien me dire
Très simplement il m'a souri
Et lorsque j'ai vu son sourire
J'ai bien compris que c'était lui

    Il est revenu
    Celui qui a dit « je vous aime »
    Il est revenu
    Et il habite dans ma rue

Il n'a rien des statues de plâtre
De ces fétiches idolâtres
Qui nous le montrent à moitié nu et humilié
Non, celui-ci est bien vivant, je le sais

Il est tous les soirs dans un café bizarre
Où les jeunes vont l'écouter
Il leur chante avec sa guitare
Des chansons d'amour et de paix

    Il est revenu
    Celui qui a dit « je vous aime »
    Il est revenu
    Et il habite dans ma rue

    Il est revenu
    Celui qui a dit « je vous aime »
    Il est revenu
    Et il habite dans ma rue

Les roses de Marie-Madeleine

Au coin de Roy et Mentana se trouvait à l'époque un petit restaurant où j'allais souvent déjeuner. C'est vraiment ce restaurant et la *waitress* du moment qui m'ont inspiré la chanson de Marie-Madeleine et de Jésus. J'ai presque cru que cette histoire était vraiment arrivée tant l'endroit et la personnalité de la serveuse (dont j'ai oublié le nom) étaient parfaits. Après avoir écrit la chanson, je me présentai un matin pour manger mes toasts et boire un café, et la serveuse n'était pas là. Je demandai au patron la raison de son absence et il me répondit vaguement qu'elle ne viendrait plus. J'avais envie de lui demander si on l'avait enlevée, et le lendemain je me présentai en souhaitant que, comme dans ma chanson, le restaurant se soit transformé en magasin de fleurs. Mais non! Une autre serveuse était là. Tout s'était passé dans ma tête! Dommage!

Cette chanson, je la chantais en spectacle avec mon batteur qui me donnait la réplique. C'était un bon moment du spectacle. Il était parfait d'ingénuité.

Les roses de Marie-Madeleine

Te souviens-tu de Madeleine
La fille blonde un peu quétaine
Qui se donnait pour quelques cennes
Au premier gars qui la voulait?

    Non! ben non!

Ben oui, c'était la petite waitress
Celle qui avait de grosses fesses
Qu'on allait voir après la messe
Pour essayer de les lui pogner

    Ah oui! Et?

Un soir, je sais que tu t'rappelles
T'l'avais suivie dans la ruelle
T'avais passé la nuit chez elle
Et ça ne t'avait rien coûté

    Non, non! Ça, je ne me rappelle pas! Et pis?

Il y a de ça plusieurs semaines
Dans le restaurant est entré
Un inconnu, un étranger
Un gars paraissant la trentaine
Qui a commandé un café

    De quoi il avait l'air, ce gars-là?

Il avait l'air d'avoir d'la peine
Et il a dit à Madeleine
Ça fait deux jours que j'me promène
Ça fait deux jours qu'j'ai rien mangé

    Et c'est tout ce qu'il lui a dit?

Non, il lui a dit:
Voila ce que je te propose
Si tu me donnes quelque chose
Moi, je te donnerai mes roses
C'est tout ce que j'ai pour te payer

    Il voulait faire une farce!

Non! il était sérieux
Car il sortit de sa chemise
Des belles roses en boutons
Elles étaient fraîches, elles sentaient bon
Et Madeleine les a prises
Et lui a donné du jambon

    Ah! une sandwich au jambon pour des fleurs
    Ah ben, c'est pas pire!

Plusieurs personnes se souviennent
Et ça c'est drôle
Avoir entendu Madeleine
Dire à cet homme je t'amène
Tu passeras la nuit chez moi

Le lendemain il y avait des roses
Sur chaque table et sur chaque banc
Des centaines, des milliers de roses
Fleurissaient dans le restaurant

On est allé chercher Madeleine
Mais on ne l'a jamais trouvée
Je ne crois pas qu'elle revienne
Elle a dû se faire enlever

Maintenant le propriétaire
Tu sais ce qu'il fait le gars ?
Il revend les roses du mystère
Et son commerce est plus prospère
Que ne l'était son restaurant

    Il n'a vraiment aucun problème ?

Oh non !
Les roses repoussent d'elles-mêmes
Y a tellement de gens qui s'aiment
Qu'il en vendra pendant longtemps

Et tous les jours de la semaine
De tous les pays les gens viennent
Afin d'acheter par douzaines
Les roses de Madeleine

Pierre

Dans l'est de Montréal, un groupe de motards s'était formé sous la direction d'un prêtre qui partageait avec eux sa passion de la moto et sa passion pour le Christ. Quand il eut vent de ma démarche et de la chanson que j'avais écrite sur l'histoire de Pierre, livreur d'une épicerie, et sur Jésus, leader d'un groupe de motards, il décida de nous accompagner dans quelques-uns de nos spectacles. Ils arrivaient en bande, faisant retentir le moteur de leurs engins devant le porche de l'église. Les spectateurs étaient un peu sidérés mais, pendant le spectacle, ils comprenaient le pourquoi de cette présence. Je me souviens de leur entrée dans l'église d'Outremont, un quartier chic de Montréal. Ils arrivaient de l'Abitibi, ils étaient sales, crasseux, sentaient mauvais et ils se placèrent autour du chœur. Ils firent maladroitement la génuflexion devant l'autel, et l'un d'eux dit d'une voix forte à sa «blonde» qui l'accompagnait :

— Envoye, christ, fais ton signe de croix !

C'était assez amusant de voir la tête des paroissiens d'Outremont devant cette invasion barbare. On se serait cru dans le temple de Jérusalem !

Pierre

J'ai vingt ans, je m'appelle Pierre
Je travaille à l'épicerie
J'ai trois sœurs, une mère et cinq frères
Y a trois ans que mon père est parti

J'ai pas vraiment de gros problèmes
J'ai une blonde qui est jolie
Elle me raconte souvent qu'elle m'aime
Mais moi, j'lui ai jamais rien dit

Et pis de l'aut' côté d'la rue
Y a les gars avec leurs motos
Leur chef, il s'appelle Jésus
Et moi je trouve qu'il est beau

Ma mère, elle m'a toujours dit
Ces gars-là, c'est des bons à rien
C'est des voyous, c'est des hippies
Mais moi, Jésus, je l'aime bien

    Mais j'sais pas pourquoi, non, j'sais pas pourquoi

Et pis je suis rentré un soir
La bande était prête à partir
Les motos luisaient dans le noir
Ça sentait le gaz et le cuir

Et voilà Jésus qui m'arrête
Et qui me dit : « Viens avec moi »
J'ai planté là ma bicyclette
Je l'ai suivi, j'sais pas pourquoi

On a voyagé tout l'été
On était comme une famille
Je découvrais la liberté
Je ne regardais même plus les filles

Et le soir, avant de s'endormir
Jésus nous parlait de son père
Il racontait ses souvenirs
Je l'aimais bien plus que mes frères

    Mais j'sais pas pourquoi, non, j'sais pas pourquoi

Le matin, quand on repartait
Nous, deux par deux, lui en avant
C'était comme si j'entendais
Des anges chanter dans le vent

Quand on traversait les villages
Les autres ils voulaient tout voler
Mais lui, il disait qu'à notre âge
Faut pas voler, il faut s'aimer

Il parlait aux gens de la place
Et les gens nous donnaient de tout
On buvait, on mangeait en masse
On sentait qu'ils étaient avec nous

Et le soir on allumait les phares
Et puis on faisait comme un show
Y en avait qui prenaient leurs guitares
Pis on chantait, j'trouvais ça beau

    Mais j'sais pas pourquoi, non, j'sais pas pourquoi

Et pis un jour on est arrivés
Dans un endroit qu'on connaissait pas
Et tout le monde nous attendait
Avec un fusil sous le bras

Ils ont voulu nous arrêter
Et Jésus s'est mis en colère
Et tous il les a accusés
D'être des chiens et des vipères

Il nous a dit de tout casser
Et lui a brisé les vitrines
Alors un homme lui a tiré
À bout portant dans la poitrine

J'ai eu le temps de le voir tomber
Mais nous étions déjà repartis
Nous l'avons tous abandonné
Je me souviens qu'il l'avait dit

    Mais j'sais pas pourquoi, non, j'sais pas pourquoi

J'ai vingt ans, je m'appelle Pierre
Je travaille à l'épicerie
J'ai trois sœurs, une mère et cinq frères
Et j'ai perdu mon seul ami

Hier la police est venue chez moi
Ils m'ont posé des questions sur lui
Mais moi j'ai dit que ce gars-là
J'l'avais jamais vu de ma vie

    Et j'sais pas pourquoi, non, j'sais pas pourquoi

La colombe et le serpent

Lorsqu'une personne mendie dans la rue et nous demande de l'aider, que faire ? Lui donner de l'argent en pensant que cet argent va servir à acheter de la drogue ou de l'alcool ? Lui donner de l'argent en se disant qu'on a donné et peu importe à quoi servira l'argent ? Ou bien ne rien donner du tout ? Je donne parce que je suis bon ou parce que je veux avoir bonne conscience, ou je ne donne rien parce que je ne veux pas qu'on abuse de moi. Quelle est la bonne attitude ?

Une des paraboles de Jésus met en scène la colombe et le serpent symbolisant deux manières d'être. Simple comme la colombe et prudent comme le serpent. Être simple et prudent à la fois, tâche bien difficile ! La vraie spiritualité, je crois, réside dans cet enseignement de ce Maître qui voulait que la spiritualité se pratique dans la vie quotidienne. Ce ne sont pas dix heures de méditation journalière qui vont nous rendre spirituels. La spiritualité, c'est essayer de mettre du respect et de l'amour dans toutes nos actions, nos paroles, nos pensées et nos émotions. Et je crois que c'est seulement dans la relation avec nous-mêmes, avec l'autre et avec la vie que l'on peut apprendre et pratiquer l'amour et le respect. Mais Dieu que c'est difficile !

La colombe et le serpent

Soyez prudent comme le serpent
Et simple comme la colombe
Soyez prudent comme le serpent
Et simple comme un enfant

Soyez prudent comme le serpent
Et simple comme la colombe
Soyez prudent comme le serpent
Et simple comme un enfant

    Nous vivons dans un monde
    Gouverné par des loups
    Pourtant le chien qui gronde
    Est parfois le plus doux
    Tes amis et tes frères, il faut t'en méfier
    Mais à jeter la pierre
    Ne sois pas le premier

Soyez prudent comme le serpent
Et simple comme la colombe
Soyez prudent comme le serpent
Et simple comme un enfant

Soyez prudent comme le serpent
Et simple comme la colombe
Soyez prudent comme le serpent
Et simple comme un enfant

    Ouvre grande la porte
    Sur ton âme et ton cœur
    Mais que personne ne sorte
    En te volant tes fleurs

      Donne à ceux que tu aimes
      Ce qui leur fait envie
      Mais garde pour toi-même
      Tes croyances et ta vie

Soyez prudent comme le serpent
Et simple comme la colombe
Soyez prudent comme le serpent
Et simple comme un enfant

Soyez prudent comme le serpent
Et simple comme la colombe
Soyez prudent comme le serpent
Et simple comme un enfant

      À celui qui te blesse
      Pardonne-lui beaucoup
      Mais la grande sagesse
      C'est d'éviter les coups
      Ceux qui veulent t'entendre
      Dis-leur ce que tu es
      Mais reste dans ta chambre
      Quand tu voudras prier

Soyez prudent comme le serpent
Et simple comme la colombe
Soyez prudent comme le serpent
Et simple comme un enfant

Soyez prudent comme le serpent
Et simple comme la colombe
Soyez prudent comme le serpent
Et simple comme un enfant

Oui, c'est vrai, tu es celui (celle) que j'aime

Dans mon spectacle *Nu... comme dans nuages*, je disais :
«Ah! Ne faire qu'un à deux tout en restant soi-même, c'est le rêve de tout le monde! Pour que ce rêve se réalise, il faut chercher l'amour. Moi, c'est cette recherche qui m'a gardé vivant. Que nous vivions dans un corps de femme ou dans un corps d'homme, nous possédons les deux polarités de la vie, la féminine et la masculine, car toute énergie manifestée est double. Alors, que nous cherchions l'homme et la femme dans un homme, ou la femme et l'homme dans une femme, où est la différence?»

La libération de la femme, c'est en fait la libération de l'homme dans la femme, cette moitié qu'on lui a refusée pendant des siècles. Espérons que les hommes, un jour, sauront libérer la femme qui est en eux! Le côté masculin de l'être, c'est le pouvoir de Dieu ; le côté féminin, c'est le «miroir» de Dieu, et le pouvoir sans le miroir ne peut exister. Le véritable pouvoir, c'est celui de l'amour, cet amour que le miroir nous renvoie de l'autre et de nous-mêmes. Alors, les dénominations, les classifications ne riment à rien.

Que nous soyons homme ou femme, lorsque nous disons à l'autre que nous l'aimons, c'est toujours une partie de notre être qui s'adresse à l'autre partie. Cela peut être la femme en nous qui s'adresse à l'homme que nous sommes, ou bien l'homme que nous sommes qui parle à la femme qu'il porte en lui, et cela, que nous vivions dans un corps d'homme ou dans un corps de femme. Car l'amour, à la fin, c'est toujours nous, ce n'est jamais l'autre. L'autre, disait un maître qui m'a beaucoup aidé, c'est la cerise sur le sundae, ce n'est pas le sundae!

Je me souviens d'une dame qui me demanda s'il y avait une femme dans ma vie. Je lui répondis que oui, mais qu'il y avait un petit problème.

— Et quel est ce problème? voulut savoir la dame.

— Le problème est que cette femme vit dans un corps d'homme!

Finalement, l'autre n'est jamais que la moitié de nous-mêmes, cette moitié qu'il nous coûte tant d'aimer.

Oui, c'est vrai, tu es celui (celle) que j'aime

Oui, c'est vrai, tu es celui (celle) que j'aime
À la fois mon amour, mon ami(e) et mon père (ma mère)
Oui, c'est vrai, tu es celui (celle) que j'aime
Puisque tu es ma vie et que je crois en toi

    Nous avons tous les deux les mêmes inquiétudes
    Le même mal de vivre, le même amour d'aimer
    Nous avons tous les deux la même solitude
    Et nous avons aussi la soif d'éternité

Oui, c'est vrai, tu es celui (celle) que j'aime
À la fois mon amour, mon ami(e) et mon père (ma mère)
Oui, c'est vrai, tu es celui (celle) que j'aime
Puisque tu es ma vie et que je crois en toi

    Moi, je suis le voilier, tu es le capitaine
    (Toi, tu es le voilier, je suis le capitaine)
    Et c'est toi (moi) qui, un jour, m'emmènera (t'emmènerai) au port
    Nous baisserons les voiles de nos joies, de nos peines
    L'amour sera toujours la plus belle des morts

Oui, c'est vrai, tu es celui (celle) que j'aime
Puisque tu es ma vie et que je crois en toi

L'image de l'amour

En arrivant à Tenerife, j'ai commencé à écrire un livre. Celui-ci a été édité en 1984 en Suisse par Yva Peyret, cette femme qui voulait être chanteuse et pour qui j'avais écrit des chansons (voir page 77). J'ai vu l'autre jour que mon livre se vend encore sur Internet. Je l'ai publié sous le nom de Melki Makhandar. Car, en arrivant à Tenerife où personne ne me connaissait, il me fut facile de changer de prénom. « Melki » m'était venu alors que j'étais encore à Montréal, apporté par la musique du vent et le murmure des feuilles de l'automne. Ce nouveau prénom a eu sur moi un effet tout à fait magique. En effet, le prénom de Michel, d'une grande douceur, ne me permettait pas d'équilibrer en moi les « tonalités » masculine et féminine. Je suis né avec le Soleil et la Lune en opposition, ce qui fait que mon « homme » et ma « femme » intérieurs se regardaient comme des chiens de faïence, l'un en face de l'autre, incapables de se rapprocher et de s'unir. « Melki » a résolu ce problème. En effet, « Mel » est féminin. Racine de « melos » qui en grec veut dire « musique ». « Ki », en chinois, signifie l'énergie vitale (et masculine) de la vie. L'Orient et l'Occident réunis dans un même mot ! Vous ne me croirez peut-être pas, mais ce prénom m'a permis d'harmoniser et d'intégrer mes deux énergies vitales. D'ailleurs, je pense que tout le monde devrait découvrir son vrai nom, celui de son âme. Mes parents ne m'ont pas demandé si Michel allait me plaire, et je considère que le nom de famille qui est inscrit sur mon passeport est le nom de mon père et non le mien. Mais ça, c'est un autre sujet.

Lorsque madame Peyret a décidé d'éditer ce livre que j'ai intitulé *Les bergers*, je souhaitais que l'auteur en soit seulement « Melki ». Mais elle refusa, disant que ce ne serait pas « commercial ». Elle m'obligea donc à me créer un nom de famille. Celui qui me vint à l'esprit fut « Makhandar » qui, en numérologie, faisait dix-neuf, le numéro du Soleil dans le tarot. Allons-y pour Melki Makhandar alors, et je porte ce prénom et ce nom à Tenerife depuis 1984. (Aujourd'hui, toutefois, je désire me faire appeler simplement Melki.) Un jour, je fus invité à participer à une émission de radio. Le directeur du Département de préhistoire de l'Université de La Laguna faisait également partie de cette émission. Lorsqu'il entend mon nom, il me dit : « Vous êtes la preuve de ma théorie sur les "Guanches", les autochtones que les Espagnols découvrirent lorsqu'ils se lancèrent à la conquête de l'archipel des Canaries. "Makhandar" est un nom berbère et les Guanches étaient, selon moi, des Berbères qui se sont trouvés isolés sur les hauts sommets lorsque l'île de l'Atlantide s'engloutit pour la troisième fois, et ce, définitivement. »

Il est des « coïncidences » curieuses ! direz-vous. Mais sont-ce vraiment des coïncidences ? Non ! Le hasard n'existe pas. En arrivant aux Canaries, j'ai eu vraiment l'impression de mettre les pieds dans des traces anciennes. Et je suis persuadé que ces îles sont vraiment ce qui reste de l'Atlantide. Dans ma chanson *Tenerife*, qui se trouve sur mon album *Comme un grand cri d'amour*, j'ai écrit :

> C'est insulter la Vie que de croire au hasard
> Nous ne partons jamais pour aller nulle part

Je suis convaincu que ce n'est vraiment pas moi, mon ego, qui ai décidé d'aller vivre à Tenerife.

« On », avec le consentement de mon âme, m'y a littéralement expédié !

Mais revenons à ce livre *Les bergers*, qui fut édité dans les pays francophones en 1984, sans succès. Pourtant, je pense que c'est un livre important. Par contre, nous nous sommes trompés, je crois, dans le choix du titre. Une chose est sûre : ce livre m'a été livré. J'ai été comme un canal par lequel passaient les mots et les informations. Je ne savais pas à l'époque que j'étais en train de « canaliser » des mots et des idées provenant d'une autre dimension. Comme, à ce moment-là de ma vie, mon « canal » n'était pas assez purifié, certaines informations ont pu être « déformées » par mon mental, mais il reste que certains paragraphes de ce livre sont intéressants. Par exemple, j'ai reçu sous forme de poème l'histoire de la séparation de l'âme lorsque, pour la première fois, elle quitte la maison du Père afin de s'incarner dans la matière. J'ai intitulé ce poème *La Maison éternelle* et ce poème se trouve dans mon album *Comme un grand cri d'amour*.

La Maison éternelle

Quand nous avons quitté la Maison éternelle
Nous étions deux, bien sûr, à prendre le départ
Deux liés par l'Amour avec les mêmes ailes
Le même but fixé dans le même regard

Et ce couple harmonieux, pareil à une lyre
Dont l'un était les cordes et l'autre était le bois
Ignorait qu'il fallait que leurs liens se déchirent
Afin que chacun d'eux puisse trouver sa voie

Et un jour, brusquement, dans un brillant orage
Dans un éclair subit, nos liens furent coupés
Nos ailes prirent feu au milieu des nuages
Pour la première fois nous étions séparés

Où es-tu, mon amour, pourquoi te caches-tu
Tu sais bien que sans toi je ne peux pas survivre
L'espace est un enfer, sans toi je suis perdu
Ma vie est enfermée dans un linceul de givre

Nous faisions tous les deux partie d'une âme unique
En tombant sur la Terre, nous fûmes séparés
Avant nous étions deux, contraires et identiques
Je ne suis maintenant plus rien qu'une moitié

Depuis je porte en moi la profonde blessure
De cette chute atroce, de ce triste abandon
Et mon âme, blessée par cette déchirure
Ne peut pas supporter cette mutilation

Qu'est-ce que l'Amour sinon ce désir légitime
De retrouver enfin cette moitié perdue
Cette nécessité et ce besoin sublime
De reformer le couple que nous avons connu

Et quel est donc le sens de notre solitude
Sinon la nostalgie de ce bonheur parfait
Dont depuis tant de temps nous avions l'habitude
Et qui nous fut ravi, semble-t-il à jamais

Qu'est-ce que souffrir sinon cette horrible impuissance
À retrouver le sens de cet enchantement
Qui nous est enlevé aussitôt la naissance
Et qu'il nous faut chercher toute une vie durant

L'amour, c'est la recherche de cet autre nous-même
Que nous avons perdu tout au long de nos vies
Chaque fois que l'on dit à quelqu'un « je vous aime »
C'est plutôt « je vous cherche » qu'à chaque fois l'on dit

C'est après avoir écrit, lu et relu mon livre *Les bergers* que j'ai compris combien il nous est difficile d'être fidèle dans nos relations. Comment peut-on être fidèle à quelqu'un qui n'est pas « soi » ?

Si notre relation avec l'autre est une relation fondée sur l'attraction physique, tous les jours nous verrons des personnes qui sont plus belles que celle qui partage notre vie. Le seul fait d'admirer une autre personne et d'imaginer, ne serait-ce qu'un instant, ce que nous pourrions « faire » avec elle, c'est déjà de l'infidélité. Si notre relation avec l'autre est liée à une forme de dépendance, à la peur de la solitude ou à un intérêt précis, nous rencontrerons facilement d'autres personnes qui pourraient combler tous ces besoins et ces manques. Si l'on est attiré par l'autre à cause de son intelligence et de ses connaissances, il y aura toujours quelqu'un de plus intelligent et d'un plus grand savoir qui pourra nous fasciner. Toutes les relations impliquent la fidélité comme une « obligation » dictée par notre société dans sa manière de concevoir la vie, l'amour et la famille. Or, maintenant que notre société est en train de détruire ses tabous, ses croyances et ses lois, l'obligation d'être fidèle au partenaire de vie disparaît et la séparation devient le « médicament » de l'infidélité, l'« aspirine » de la fausse liberté reconquise.

Comment peut-on vivre en croyant que nous sommes seulement la moitié de « quelque chose » et que sans l'autre moitié de ce « quelque chose » nous ne pouvons être heureux ? Les Espagnols utilisent la formule « *mi media naranja* » qui signifie mon autre moitié d'orange. Comment peut-on se prendre pour la moitié d'une orange ? Comment peut-on encore croire que l'amour est cette moitié extérieure à nous et que notre bonheur dépend uniquement de la rencontre de cette autre moitié et de la fusion avec elle ?

Être une moitié ne m'intéresse pas et encore moins être « quelque chose ». Il n'est pas question que mon bonheur dépende de ce que l'autre moitié entre ou non dans ma vie. Je désire être un être humain « entier » et pouvoir aimer un autre être humain qui soit également un « tout » !

Je crois que la seule fidélité qui existe vraiment, c'est la fidélité à soi, à ce que nous sommes, à ce que nous croyons, à ce que nous voulons, même si ce que nous sommes, croyons et voulons ne correspond pas aux critères de la société dans laquelle nous vivons. Je crois aussi que la fidélité, c'est s'attacher à chercher et à créer à chaque moment de sa vie cette image que l'on a de l'Amour (avec un grand A), cette image qui s'est élaborée en nous au fil de notre évolution comme être humain et qui n'est rien d'autre que cette image de nous que nous ne sommes pas capables de reconnaître du dedans et que nous cherchons désespérément au dehors.

La souffrance de l'amour, c'est justement notre incapacité à découvrir au dehors cette image que nous portons en nous et notre impuissance à la créer dans notre vie. La souffrance de l'amour, c'est de finir par croire qu'il appartient au destin ou à la chance de déterminer le bonheur ou le malheur dans notre vie. La souffrance de l'amour, c'est de survivre à la vie au lieu de la vivre.

De toute façon, quoi que nous fassions et quelles que soient nos croyances, « nous avons tous en nous une image de l'amour, une image qui vivra toujours ». À nous de la découvrir ou, encore mieux, de la créer !

L'image de l'amour

De l'autre côté de la rue
Tu vois quelqu'un qui se promène
Bien que ce soit un(e) inconnu(e)
Tu crois pourtant le (la) reconnaître
Rien qu'en voyant sa silhouette
Ton désir s'allume déjà
Ton cœur bat le tambour de fête
Le temps ne compte plus pour toi

    Nous avons tous en nous une image de l'amour
    Un portrait vraiment parfait d'un idéal que l'on se fait
    D'une personne qui réalise tous nos fantasmes les plus secrets
    Une illusion qui se déguise quelquefois en réalité
    Nous avons tous en nous une image de l'amour
    Une image qui vivra toujours

Déjà tu traverses la rue
Tu veux en savoir un peu plus
La ressemblance est parfaite
C'est bien son corps, c'est bien sa tête
Et plusieurs coins de rues défilent
Mais l'aborder, c'est difficile
Finalement tu le (la) dépasses
Tu te retournes, tu lui fais face

    Nous avons tous en nous une image de l'amour
    Un portrait vraiment parfait d'un idéal que l'on se fait
    D'une personne qui réalise tous nos fantasmes les plus secrets
    Une illusion qui se déguise quelquefois en réalité
    Nous avons tous en nous une image de l'amour
    Une image qui vivra toujours

T'ouvres tes yeux comme des fenêtres
C'est sûr qu'il (elle) va te reconnaître
Tu dis : « Bonjour, comment vas-tu
Te souviens-tu où l'on s'est vus ? »
Mais l'inconnu(e) passe tout droit
Comme si tu n'existais pas
Et toi tu restes planté(e) là
Crucifié(e) encore une fois

    Nous avons tous en nous une image de l'amour
    Un portrait vraiment parfait d'un idéal que l'on se fait
    D'une personne qui réalise tous nos fantasmes les plus secrets
    Une illusion qui se déguise quelquefois en réalité
    Nous avons tous en nous une image de l'amour
    Une image qui vivra toujours

J'suis bien dans ma peau

Le seul but de l'âme incarnée dans un corps physique est de connaître les trois attributs de la Divinité : le pouvoir, l'amour et la connaissance (la Vérité), et de les manifester dans la matière. Il est évident que tout le monde cherche le pouvoir, que tout le monde veut être aimé et que certains cherchent à se connaître sans trop craindre leur vérité. Quant à l'amour :

> Nous ne savons jamais à qui nous faisons face
> Il y a tant de façons différentes d'aimer
> Mais parmi toutes celles auxquelles nous faisons place
> Il n'en existe qu'une qui pourra nous combler
>
> Et c'est cette question, je le crois, qui nous hante
> Et la preuve évidente c'est que tous les amants
> Se posent tour à tour la question angoissante
> « Tu m'aimes, je te crois, mais tu m'aimes comment ? »
>
> Tous ces amours trompeurs, tous ces amours fugaces
> Qui ne durent souvent que le temps d'un été
> Ces amours qui font mal, tous ces amours qui passent
> Nous prouvent qu'à chaque fois nous nous étions trompés
>
> Et je ne compte pas tous ces amours du corps
> Ces besoins impérieux de contenter la bête
> Ces amours dans lesquels l'âme trouve la mort
> Mais qui sont pour le corps de véritables fêtes

Alors, me direz-vous, quand savons-nous que nous avons trouvé le véritable amour ? C'est facile. Comme l'a dit un ancien Sage, c'est :
  1- Lorsque nous savons accepter ce que nous ne pouvons pas changer ;

2- Lorsque nous avons le courage de changer ce qui peut se changer ;

3- Lorsque nous avons la sagesse suffisante pour faire la différence entre les deux.

Le véritable amour, c'est lorsque nous sommes en paix avec nous-mêmes, lorsque les problèmes quotidiens ne nous font plus peur, lorsque nous nous aimons suffisamment pour savoir la différence entre demander de l'amour et donner de l'amour. Nous avons trouvé le véritable amour lorsque le masculin, avec sa passion et sa spontanéité, et le féminin, avec son amour et sa compassion, se sont unis à l'intérieur de nous. Alors, cette union de nous avec nous-mêmes se reflète dans les autres. Quelque chose de très doux nous pénètre et nous remplit d'une joie sereine qui pourrait ressembler à ce qu'on appelle le bonheur.

La vraie spiritualité, c'est la joie d'être avec soi-même.

J'suis bien dans ma peau

J'suis bien dans ma peau
J'suis bien dans ma peau
Quand tu te sens bien dans ta peau
Tout est beau

J'suis bien dans ma peau
J'suis bien dans ma peau
Maintenant ma vie se joue
Moderato

    J'ai fait le grand saut
    J'ai plus peur des mots
    J'ai fait un grand feu
    De tous mes vieux tableaux

    J'suis le matelot
    Qui sur son radeau
    Enfin a découvert
    Son Eldorado

    Je m'suis fait cadeau
    De tous mes défauts
    J'ai mis un morceau d'mon cœur
    Dans mon cerveau

J'suis bien dans ma peau
J'suis bien dans ma peau
J'ai fait un tombeau
De tous mes vieux sanglots

J'suis bien dans ma peau
J'suis bien dans ma peau
Y a des jours où je me trouve
Presque beau

    J'suis comme un château
    Tout entouré d'eau
    Et sur mon piano
    Je nourris les oiseaux

    Finis les solos
    Dans mon concerto
    J'suis comme un roseau
    Au milieu d'un ruisseau

    Plus besoin d'rideau
    Pour mon numéro
    J'ai gagné l'gros lot
    De ma super loto

J'suis bien dans ma peau
J'suis bien dans ma peau
Ça m'a pris du temps
C'est encore tout nouveau

J'suis bien dans ma peau
J'suis bien dans ma peau
Quand tu te sens bien dans ta peau
Tout est beau

Entre toi et moi

En 1999, lors d'un séjour à Montréal, j'ai retrouvé Lise Thouin. Elle s'était séparée de Jean-Claude Lord, son amoureux qui venait la chercher lorsqu'elle étudiait le chant chez Gaétane Létourneau (voir page 61). Elle avait été très malade, avait écrit un livre qui était devenu un best-seller, *De l'autre côté des choses*, produit un disque pour les enfants, *Boule de rêve*, et était tombée amoureuse de Daniel Meurois. J'étais triste parce que je considérais le couple Thouin-Lord comme une belle réussite, mais je comprenais l'attirance de Lise pour Daniel.

Daniel Meurois et sa femme Anne Givaudan avaient été les pionniers de l'ésotérisme en France. Ils avaient écrit ensemble plusieurs livres qui sont de véritables chefs-d'œuvre. Je pense notamment aux *Neuf marches*, ce magnifique ouvrage qui raconte l'histoire d'une âme durant les neuf mois de grossesse de celle qui va être sa mère. Le couple Meurois-Givaudan éclata, comme avait éclaté le couple Thouin-Lord, et lorsque je retrouvai Lise après de nombreuses années d'absence, un nouveau couple était en train de se former, celui de Thouin-Meurois.

Je fus invité au mariage. Lise me demanda si je pouvais lire mon poème sur la Maison éternelle lors de la réception. Je trouvais que ce poème n'était pas vraiment de circonstance, alors je pensai qu'une chanson serait un beau cadeau de mariage. Mais quelle chanson ? Lorsque j'étais en présence de Lise et de Daniel et que je ressentais cet amour-passion qui les unissait à chaque seconde, j'éprouvais la vague sensation que ces deux êtres étaient parvenus à un niveau de conscience que peu d'humains ont la possibilité d'atteindre. C'est cette chanson-là que je devais écrire, une chanson qui décrive cet amour spirituel vécu et intégré dans la matérialité de la vie humaine. Mais comment décrire cet amour auquel je n'ai pas accès ? Comment écrire sur un sujet que je ne connais pas ? Eh bien, simplement en ayant l'humilité nécessaire pour demander de l'aide. Aussi, j'ai prié et j'ai demandé de recevoir cette chanson.

Le mariage était prévu pour le mois d'août, alors j'avais quelques mois devant moi. Je retournai à Tenerife et j'allai de temps en temps me promener sur une petite plage, pas très loin de là où j'habite. C'est une plage secrète que les touristes ne connaissent pas et il existe là une énergie spéciale. Presque toutes les chansons de mon dernier album *Sur le sentier de la source* furent écrites sur cette plage. À chacune de mes visites, je recevais des mots, des phrases, et la chanson *Entre toi et moi* est née entre cette plage et mon piano. Quelques semaines plus tard, elle était terminée.

Il est des musiques que l'on ne peut écouter qu'avec son âme. C'est le cas de l'adagietto de la *Symphonie nº 5* de Gustav Mahler. Cela m'a pris plus de dix ans pour être capable d'écouter cette musique sans me mettre à pleurer. Elle déclenchait en moi une profonde tristesse mêlée à une intense nostalgie, en même temps qu'elle me faisait prendre conscience de mon impuissance à faire flamboyer dans ma vie l'ardente lumière de cet amour passionné dont je désirais tant faire l'expérience. Maintenant, je peux écouter cet adagietto avec plus de sérénité, sachant que, bien que je ne sois pas encore arrivé à placer dans mon cœur cette brûlante flamme, je suis sur la bonne voie. Je vécus un peu la même expérience avec la chanson *Entre toi et moi* que j'offris en cadeau de mariage à Lise et à Daniel.

Comme ce n'est pas réellement moi qui l'ai écrite, je peux dire qu'elle est belle. C'est vraiment la chanson d'une âme qui exprime sa joie de pouvoir vivre cet amour absolu, délivré des mesquineries qui surgissent habituellement dans le couple. Je ne chante plus cette chanson depuis bien longtemps et s'il m'arrive de l'écouter, je ressens un peu la même chose que pour l'adagietto de Mahler. Cet amour-là existe puisqu'« ils » m'ont permis de le décrire! Bien sûr qu'il existe, et mon âme le sait et désire profondément vivre cette expérience de fusion totale avec l'autre qui est soi.

Je ne sais pas si la relation de couple entre Lise et Daniel est une de ces relations privilégiées, ou bien si c'est moi qui l'ai ressentie ainsi parce que je la porte en moi. Peu importe! La chanson existe et c'est une chanson d'amour qui, comme *Évangéline*, deviendra peut-être un jour une chanson «populaire».

Entre toi et moi

Entre toi et moi
Il n'y a plus aucun obstacle
Chaque souffle est comme un miracle
Que nous vivons au temps présent

Entre toi et moi
Il n'y a aucun intervalle
Nous sommes deux notes égales
Deux expressions d'un même chant

Entre toi et moi
Il n'y a aucune espérance
Aucun désir, aucune instance
Tout est ici et maintenant

Entre toi et moi
Il n'y a rien qui nous confonde
L'homme et la femme en nous se fondent
Pour créer un seul être aimant
Oui, seul l'amour est bien vivant

    Entre toi et moi
    Entre toi et moi
    Entre toi et moi

Entre toi et moi
Il n'y a aucune différence
Un même accord fait notre essence
Dans le silence de l'instant
Entre toi et moi
Il n'y a rien qui nous sépare
Nos cœurs, par une seule amarre
S'abritent au port contre le temps

Entre toi et moi
Il n'y a plus aucune attente
Même la passion est innocente
Et pure comme un diamant

Entre toi et moi
Il n'y a plus aucun mystère
Nous sommes un pays sans frontières
Un volcan dans un océan
Oui seul l'amour est bien vivant

    Entre toi et moi, entre toi et moi
    Entre toi et moi, entre toi et moi

Après des siècles d'impatience
D'apprentissages et d'expériences
Nous nous donnons le droit d'aimer

Après des siècles de tortures
De rébellions et de parjures
Nous venons de nous pardonner
Nous venons de nous retrouver
Nous venons de nous recréer

Aujourd'hui, vois-tu
Je veux fêter ce qui nous lie
Et célébrer avec la Vie
Les noces sacrées de nos cœurs
Ces cœurs qui, vois-tu
Ne battent plus la différence
N'ont plus aucune réticence
À s'abandonner au bonheur

Un jour, toi et moi
Nous donnerons à notre Mère
Le corps de chair, le corps de terre
Ce corps qui fut sa création
Un jour, toi et moi
Avec notre corps de Lumière
Nous partirons chez notre Père
Nous rentrerons à la maison

Alors ce jour-là
Nous n'aurons plus besoin de naître
Nous ne ferons plus qu'un seul être
Fini le toi, fini le moi
Alors ce jour-là
Dans notre Maison éternelle
Dans un même battement d'ailes
Nous vivrons éternellement
Oui, seul l'amour sera vivant

    Entre toi et moi, entre toi et moi
    Entre toi et moi, entre toi et moi
    Entre toi et moi

Nu... comme dans nuages

Et pour terminer ce livre, je propose la chanson qui fut le titre du spectacle que j'ai donné pendant un mois au Café Molière, rue Saint-Hubert, à Montréal, en 1980. J'avais créé ce spectacle à partir de mon livre du même titre que les Éditions de Mortagne avaient bien voulu publier quelques mois auparavant. Le livre et le spectacle étaient comme une biographie de mes vingt-huit années passées au Québec et une sorte d'adieu à la « Belle Province ». En effet, je savais que j'allais quitter le Québec sans savoir à ce moment-là où la vie m'amènerait.

Quand je relis le texte de cette chanson, je le trouve encore actuel. Être prêt à partir pour le « Grand Voyage » n'a rien à voir avec le temps ou l'âge. Nous sommes arrivés sur cette terre au terme d'un Grand Voyage et nous repartirons de cette planète pour effectuer un autre Grand Voyage. Comme le dit le maître Lao-Tseu dans le *Tao Te King*: « Naître, c'est arriver et mourir, c'est partir. »

Nu… comme dans nuages

Nu… comme dans nuages
Nu… pareil à mon image
Nu… et les yeux grands ouverts
Les pieds dans la mer
Les bras dans le ciel
Et le cœur sur la terre
Nu
Les masques arrachés
Les voiles déchirées
Prêt pour le Grand Voyage…

Nu… comme dans nuages
Nu… pareil à ton image
Nu… pareil à votre image

DOSSIER

Michel Seunes, Michel Conte, Melki
ou
Trois vies dans une

Né Michel Seunes, sous le signe du Cancer, le 17 juillet 1932, d'une famille de paysans installés depuis des générations dans le sud-ouest de la France, à Villeneuve-sur-Lot, à quelques kilomètres du « lieu de naissance » de Cyrano de Bergerac et du mousquetaire d'Artagnan, le jeune Michel, dès l'âge de sept ans, sait qu'il veut être musicien. Sa mère, artiste dans l'âme, encourage sa vocation tandis que son père, paysan révolté converti au socialisme, exige des diplômes. L'adolescent Michel, à dix-sept ans, voit ses études musicales au Conservatoire de Paris prendre fin et ses études secondaires interrompues à cause d'une tuberculose doublée d'une leucémie.

Au sortir du sanatorium, un an plus tard (miracle!), il découvre la danse et s'intègre très rapidement dans les corps de ballet de Bordeaux et de Strasbourg, fait une incursion dans le Ballet du Marquis de Cuevas, jusqu'au jour où le service militaire le réclame comme météorologue et les Ballets de Paris comme premier danseur.

Il fait les deux: soldat et secrétaire d'un capitaine à Paris, et danseur avec les Ballets de Paris. Il participe ainsi à la création à Monte-Carlo de *L'opéra de quat'sous* avec Françoise Rosay, Paul Perri et Raymond Souplex et continue ensuite à faire partie de la distribution au Théâtre de l'Empire à Paris.

Courte carrière dans cette France des années cinquante où il côtoie le Tout-Paris de Jean Cocteau, Leonor Fini, la comtesse de Noailles. Déçu par ce milieu élitiste, et à la suggestion d'Henri Norbert, ami de sa mère et comédien au Canada, il émigre dans ce Canada francophone dont le monde ignore encore qu'il se nomme le Québec. Il échappe ainsi à l'enrôlement pour la guerre d'Algérie. Les gendarmes sont en effet venus le chercher chez ses parents alors qu'il voguait depuis un jour en direction du Québec. En octobre 1955, il pose les pieds sur cette terre québécoise qui lui offre une carrière et le retiendra vingt-sept années de sa vie.

Sous le nom de Michel Conte, il apparaît au *Music-Hall* de Michelle Tisseyre à Radio-Canada comme auteur-compositeur-interprète, mais devient également, durant deux ans, le premier danseur et chorégraphe de la compagnie Montreal Theatre Ballet, dirigée par Brian Macdonald.

C'est donc comme danseur et chorégraphe qu'il revient au *Music-Hall* de Michelle Tisseyre et pour plusieurs émissions de variétés, de musique classique, d'opéras et sérénades estivales de la télévision d'État.

Au cours de ces années, de nombreuses interprètes se sont intéressées à ses chansons. Pendant les répétitions, durant les pauses, il les chante aux chanteuses invitées. C'est ainsi que des liens d'amitié se créent car il fait danser toutes ces chanteuses dont ce n'est pas le métier.

L'auteur-compositeur resurgit sous le chorégraphe grâce à des chansons qui sont popularisées par les grands noms de la chanson québécoise : Lucille Dumont, Renée Claude, Monique Leyrac, Isabelle Pierre, etc.

Donc, des années soixante aux années quatre-vingt, il participe activement à la Révolution tranquille, annonce la résurrection de l'Acadie avec deux chansons : *Shippagan* et *Évangéline*, crée avec Robert Gauthier la comédie musicale québécoise *Monica la Mitraille*. En 1970, il gagne le premier prix du concours «La clé d'or» avec *Viens faire un tour* interprétée par Renée Claude, puis en 1973, il gagne le premier prix du Festival international de la chanson d'Athènes avec *Kamouraska*, interprétée par Julie Arel.

Il inaugure en 1973 la première École d'expression corporelle en Amérique du Nord dans laquelle il initie ses élèves à l'idéal de Pythagore et de Platon : harmoniser l'esprit, le corps et l'âme en fusionnant la poésie, la danse et la musique en une même création.

De 1978 à 1982, il devient l'interprète de ses propres chansons, mais en dépit des prix déjà remportés et de plusieurs disques et comédies musicales, il ne connaît pas le succès espéré.

Il prend alors le nom de Melki Makhandar, avant de s'exiler à nouveau dans un «paradis» que la vie lui offre sous la forme d'une île de l'archipel des Canaries : Tenerife. C'est dans cette île qu'il prend conscience de son «karma» et que, lentement, il commence une thérapie personnelle.

Il écrit en 1984 un roman de science-fiction ésotérique : *Les bergers*. Il devient également musicien humaniste, animateur à la télévision et à la radio d'émissions portant sur les nouvelles thérapies et les médecines alternatives. Il s'initie au yoga, au taï chi et crée des séminaires consacrés à la musicosophie, à l'harmonisation des énergies masculine et féminine, à la danse sacrée, à la recherche de son enfant et adolescent intérieurs.

Il revient à Montréal en 1995 pour participer à une École de transformation par la conscience et l'amour (École Conscience Amour Unité) dirigée par Yves et Jeannine Turenne. Sous le nom de Michel Conte Melki, il travaille comme musicien de 1996 à 2001 avec Marie-Lise Labonté, Guy Corneau et Daniel Meurois-Givaudan et participe avec Marie-Lise Labonté à des séminaires en France et au Québec sur la vision et la mission de l'âme et sur le souffle de la conscience. En novembre 2001, il obtient son diplôme de l'École Conscience Amour Unité et retourne sur l'île de Tenerife.

En 2002, il produit et présente une série à la télévision consacrée aux grands thèmes humains : le destin, la réincarnation, la vie et la mort, la sexualité, l'homme, la femme, le couple et le mariage spirituel.

De 2002 à 2006, il anime également une émission à la radio intitulée *La nuit magique* dans laquelle il aborde le côté humain de la vie en faisant des entrevues avec des personnalités connues (Brian Weiss), en écoutant les confidences des auditeurs ou en répondant à leurs questions.

En 2006, trente-cinq ans après sa création, sa chanson *Évangéline*, interprétée par Annie Blanchard, est élue chanson la plus populaire de l'année au gala de l'ADISQ.

Melki Makhandar croit que l'artiste du XXIe siècle est un interprète de l'énergie, un thérapeute de l'amour et le serviteur d'un public qui, de plus en plus, a besoin qu'on le mette en contact avec lui-même.

Et le voyage continue…

Discographie

Michel Conte chante Paris, Paris, Columbia FL-347 (vinyle), 1966.
Les bons copains – Ave Maria – Je me souviens – Jean-Sébastien (musique : J.-S. Bach) – Tout mais pas ça – En do majeur – Et bye bye (musique : Neil Chotem) – Le grand amour – Y a un an aujourd'hui – Il ne faut pas s'aimer – Ah ! merde alors – Bonsoir madame.

Michel Conte chante une histoire d'amour, Paris, Columbia FS-664 (vinyle), 1967.
Le jour où tu viendras – Pour celle que je sais – Une heure seulement – Garde bien mon cœur – Je ne partirai pas – Depuis que je te connais – Je ne sais pas pourquoi je t'aime – Agapi mou – Passer la nuit avec toi – Je veux t'aimer longtemps.

Aimons-nous les uns les autres, Montréal, Polydor 542.505 (vinyle), 1969. Arrangements, direction et production : Stéphane Venne.
Prologue – En ce temps-là – Les roses de Marie-Madeleine – Il est revenu – Pierre – La colombe et le serpent – Je reviendrai parler d'amour – Aimons-nous les uns les autres.

Les enfants du ciel, Montréal, London LFS-90245 (vinyle), 1977. Avec Angela Laurier et Mark Conte. Arrangements et direction d'orchestre : Denis Larochelle. Musiciens : Richard Provençal, Jean-Marie Benoît, Claude Arsenault.

Le signe des temps – Les enfants du ciel – Les enfants de la vie – On se balancera – On n'a pas besoin – On ne sait plus dire je t'aime (instr.) – Le bien et le mal – Celui qui ne sait pas aimer – On ne sait plus dire je t'aime – L'amour, c'est… – Le pays dont je suis – Les enfants de l'an 2000 – Prends-moi dans tes bras (instr.) – Comme un océan – La source coule.

Comme un grand cri d'amour, Montréal, éditions Guzzi EG990-2, 1998.
Tenerife – S'réveiller – Le jour où tu viendras – L'amour ne s'en va pas – Les bons copains – Le mal de vivre – La Maison éternelle – Petit Michel – Une chanson c'est simple – Le cantique des cantiques – Non, je ne t'aime pas… je t'aime – Le gars des vues – Évangéline – C'est l'amour.

Sur le sentier de la source, Tenerife, productions Melki, éditions Melki Music, 2000.
Avec vous aujourd'hui – Oui, je t'aime – J'suis pas parfait – La vérité – La vie est une valse – Je dis oui – Fréquence – Amour – La vision – Laisse aller – Entre toi et moi – J'suis bien dans ma peau.

Musique instrumentale

Un piano en amour, Montréal, UFM-999 (vinyle), 1982.
Je suis ton ami – Éternellement – Un piano en amour – Le miroir sous la pluie – Encore une fois – Tout près de toi – Entre le temps et l'éternité – Le grand voyage.

Rencontre à l'infini, Tenerife, productions Melki, éditions Melki Music, 2000.
L'ouverture du cœur – Angelgab – Danselam – La danse de l'âme – Éclipse en sol – Angelmike – Rencontre à l'infini – Compassion.

Mikael, Tenerife, productions Melki, éditions Melki Music, 2001.
Champs d'amour – Palis esra tinael – Dis-lui que tu l'aimes – La bénédiction du père.

Spectacles, réalisations et distinctions

1956-1966 (puis épisodiquement jusqu'à la fin des années 1970) – Il travaille comme danseur et chorégraphe à Radio-Canada.

Il travaille avec les réalisateurs suivants: Jacques Blouin, Maurice Dubois (presque toutes les émissions de variétés du dimanche), Pierre Morin (variétés), Pierre Mercure et François Bernier (*L'heure du concert*). En plus des variétés, il trouve également une place de choix dans les émissions de musique classique, les opéras et les sérénades estivales de la télévision d'État.

Il a participé, entre autres, aux émissions suivantes:
– *Music-Hall*, avec Michelle Tisseyre (1955-1966);
– *Music-Hall*, avec Élaine Bédard (1965-1966);
– *Pleins feux*, avec Monique Leyrac (1964);
– *Zoom*, avec Jacques Boulanger, Yves Corbeil et Claude Landré (1968-1971);
– Émission spéciale sur la chanson-thème de l'Exposition universelle de 1967;
– *Vingt ans déjà*, émission célébrant l'anniversaire de Radio-Canada en 1972.

1965 – Il participe activement à la comédie musicale *Le clan* avec Pierre Nolès comme scénariste et parolier. Il assume la mise en scène et la chorégraphie.

Le clan, Montréal, Apex ALF 1577 (vinyle), 1965.
Ouverture – Tu trouveras l'amour – N'oublie pas que je t'aime – Nous n'aurons pas toujours vingt ans – Hey Jim – On ne choisit pas – La banque – Pierre, prends garde à toi – Danse du vol – La prison – Nous n'aurons pas toujours vingt ans (instr.) – Jazz solo – La société – Oublie-le, c'est beaucoup mieux – Je t'attendrai – Je me suis évadé – La Marie – Aie pitié de moi – Le clan du cuir

1965 – Il conçoit une chorégraphie pour le Royal Winnipeg Ballet sur une partition de Haendel, *Variations pour un homme seul*.

1967 – Il réalise la chorégraphie de *Pointes sur glace* sur la musique de Calixa Lavallée pour Les Grands Ballets Canadiens.

1968 – Il participe à la comédie musicale *Monica la Mitraille* avec Robert Gauthier, comme compositeur et metteur en scène. Avec, entre autres : Denise Filiatrault, Andrée Boucher, Gilbert Chénier, Jean-Louis Millette, Gilles Renaud, Véronique Le Flaguais, Yvon Thiboutot, Juliette Pétrie, Philippe Arnaud.

Monica la Mitraille, Montréal, Polydor 542.501 (vinyle), 1968. Direction musicale : Léon Bernier.
Ouverture – Chanson pour la mama – Enfin t'es là – Mais qu'est-ce qu'on a ? – L'amitié – Monica la Mitraille – T'es là, prends-moi – Le kik – Je les ai tous – Fret, net, sec – Monica – Mort de Monica – Monica est morte

1969 – Il est le premier artiste à chanter les Évangiles dans les églises du Canada, avec son spectacle *Aimons-nous les uns les autres*. En 1971, ce spectacle, présenté à l'église Saint-Roch, à Paris, sera interdit par la police sur les ordres de Mgr Marty.

1970 – Il gagne le premier prix du concours « La clé d'or », à Montréal, avec la chanson *Viens faire un tour*, interprétée par Renée Claude.

1972 – Il écrit la musique du film *Les colombes* de Jean-Claude Lord.

1973 – Il écrit la musique du film *Bingo* de Jean-Claude Lord.

1973 – Il gagne le premier prix du Festival international de la chanson d'Athènes avec *Kamouraska*, interprétée par Julie Arel.

1974 – Il écrit *Le cantique des cantiques* pour Les Grands Ballets Canadiens, sur une chorégraphie de Fernand Nault.

1975 – Il compose la comédie musicale *Ballade*, présentée au festival de l'Île-du-Prince-Édouard.

1976 – Il compose la musique des épreuves de gymnastique des Jeux olympiques de Montréal.

1977 – Il crée la comédie musicale *Les enfants du ciel* avec Mark Conte et Angela Laurier.

1978 – Il crée le spectacle-concept sur les saisons de la vie *En écoutant Vivaldi*, qui sera présenté sur scène, entre autres au Patriote, et à la télévision (à Radio-Québec, devenue Télé-Québec depuis).

1980 – *Nu… comme dans nuages* est présenté au Café Molière.

1983 – Il crée un spectacle basé sur la mythologie des îles Canaries, *Pianisla*, qu'il présente en tournée dans l'archipel et la péninsule ibériques.

1995 – En novembre, à l'atelier l'Écart, il crée le spectacle *Comme un grand cri d'amour*, repris à la Place des Arts en avril 1998.

2006 – Sa chanson *Évangéline*, interprétée par Annie Blanchard, est élue chanson la plus populaire de l'année au gala de l'ADISQ.

Index des titres des chansons

Aimons-nous les uns les autres, 199
Amour, c'est…, L', 149
Amour ne s'en va pas, L', 142

Bien et le mal, Le, 80
Bons copains, Les, 176
Bordeaux, 65

Cantique des cantiques, Le, 50
Celle que j'aime est anglaise (La nuit de la Saint-Jean), 41
Celui qui ne sait pas aimer, 94
Colombe et le serpent, La, 213
Colombes, Les, 61
Comme un océan, 99

Depuis que je te connais, 114
Dites-lui que je l'aime, 112

En do majeur, 186
Enfants de la Vie, Les, 74
Entre toi et moi, 229
Et bye bye, 172
Évangéline, 26

Gars des vues, Le, 195

Il est revenu, 203
Image de l'amour, L', 218

Jean-Sébastien, 179
Je chante pour…, 77
Je me souviens, 46
Je ne partirai pas, 131
Jour où tu viendras, Le, 121
J'suis bien dans ma peau, 225

Kamouraska, 36

Non, je ne t'aime pas… je t'aime, 146
Nu… comme dans nuages, 234

On n'est pas vieux à soixante ans, 91
On se balancera, 88
Oui c'est vrai, tu es celui (celle) que j'aime, 216

Par amour, par amour toujours, 160
Péribonka, 32
Pierre, 209
Point zéro, 135

Rien qu'un sourire, 152
Roses de Marie-Madeleine, Les, 205

Shippagan, 21
Soir du dernier jour, Le, 138
Source coule, La, 69

Tes vingt ans, 107
Tout mais pas ça, 169

Un cœur pour aimer, 157
Une heure seulement, 124

Valse minute, La, 182
Vérité, La, 84
Viens faire un tour, 127

Y a un an aujourd'hui, 118

Table

PRÉFACE, par Sylvain Rivière
    Et qui de toi se souviennent 9

CHANSONS DE L'HISTOIRE

Présentation 19
Shippagan 21
Évangéline 26
Péribonka 32
Kamouraska 36
Celle que j'aime est anglaise (La nuit de la Saint-Jean) 41
Je me souviens 46
Le cantique des cantiques 50

CHANSONS HUMANISTES

Présentation 59
Les colombes 61
Bordeaux 65
La source coule 69
Les enfants de la Vie 74
Je chante pour… 77
Le bien et le mal 80
La vérité 84
On se balancera 88

On n'est pas vieux à soixante ans	91
Celui qui ne sait pas aimer	94
Comme un océan	99

Chansons d'amour et de désamour

Présentation	105
Tes vingt ans	107
Dites-lui que je l'aime	112
Depuis que je te connais	114
Y a un an aujourd'hui	118
Le jour où tu viendras	121
Une heure seulement	124
Viens faire un tour	127
Je ne partirai pas	131
Point zéro	135
Le soir du dernier jour	138
L'amour ne s'en va pas	142
Non, je ne t'aime pas… je t'aime	146
L'amour, c'est…	149
Rien qu'un sourire	152
Un cœur pour aimer	157
Par amour, par amour toujours	160

Chansons d'humour

Présentation	167
Tout mais pas ça	169
Et bye bye	172
Les bons copains	176
Jean-Sébastien	179
La Valse minute	182
En do majeur	186

Chansons de l'âme

Présentation	191
Le gars des vues	195
Aimons-nous les uns les autres	199
Il est revenu	203

Les roses de Marie-Madeleine 205
Pierre 209
La colombe et le serpent 213
Oui c'est vrai, tu es celui (celle) que j'aime 216
L'image de l'amour 218
J'suis bien dans ma peau 225
Entre toi et moi 229
Nu… comme dans nuages 234

Dossier

Michel Seunes, Michel Conte, Melki ou Trois vies dans une 239
Discographie 243
Spectacles, réalisations et distinctions 245
Index des titres des chansons 249

Vous pourrez retrouver certaines chansons de ce livre sur le CD suivant :

Viens faire un tour,
compilation de chansons de Michel Conte
interprétées par plusieurs artistes,
Montréal, Expérience EXP 214, 2007.

Cet ouvrage composé en Garamond corps 12 a été achevé d'imprimer au Québec
le seize août deux mille sept sur papier Quebecor Enviro 100 % recyclé sur les
presses de Quebecor World à Saint-Romuald pour le compte de VLB éditeur.